●丛书主编 庆振轩

故事里的文学经典

汉魏诗

白宪娟 李瑞 著

兰州大学出版社

图书在版编目（CIP）数据

故事里的文学经典. 汉魏诗 / 白宪娟, 李瑞著. --
兰州 : 兰州大学出版社, 2014.7
ISBN 978-7-311-04504-3

Ⅰ. ①故… Ⅱ. ①白… ②李… Ⅲ. ①古典诗歌—诗歌欣赏—中国—汉代②古典诗歌—诗歌欣赏—中国—魏晋南北朝时代 Ⅳ. ①I206.2

中国版本图书馆CIP数据核字(2014)第158297号

策划编辑　张　仁
责任编辑　张　仁　余芬芬
装帧设计　张友乾

书　　名　故事里的文学经典　汉魏诗
作　　者　白宪娟　李　瑞　著
出版发行　兰州大学出版社　(地址:兰州市天水南路222号　730000)
电　　话　0931-8912613(总编办公室)　0931-8617156(营销中心)
　　　　　0931-8914298(读者服务部)
网　　址　http://www.onbook.com.cn
电子信箱　press@lzu.edu.cn
印　　刷　兰州德辉印刷有限责任公司
开　　本　710 mm×1020 mm　1/16
印　　张　11.75
字　　数　181千
版　　次　2014年7月第1版
印　　次　2014年7月第1次印刷
书　　号　ISBN 978-7-311-04504-3
定　　价　23.50元

学海无涯乐作舟

——“故事里的文学经典”系列序言

北宋文坛领袖欧阳修曾说：

立身以求学为先，求学以读书为要。

欧阳修是一位政治家、思想家、改革家，也是一位教育家，他认为人生如果要有一番作为，就要努力求学读书。千余年过去，时至今日，立志向学，勤奋读书，教育强国，已经形成社会共识。然而读什么书，如何读书，依然是许多人困惑和思考的问题。

人们常说“开卷有益”，又说“好书不厌百回读”，所谓的好书、有益的书，应该指的是经典作家的经典作品。何谓经典？瑞士作家赫尔曼·黑塞在《获得教养的途径》中认为，经典作品是“我正在重读”，而不是“我正在读”的书。人文学科都有各自的经典作家和经典作品，诸如“哲学经典”、“史学经典”、“文学经典”等等。范仲淹曾经说过：“劝学之要，莫尚宗经。宗经则道大，道大则才大，才大则功大。”(《上时相议制举书》)儒家把《诗经》、《尚书》、《仪礼》、《乐经》、《周易》、《春秋》尊为“六经”，文人学士研修经典的目的是为了经世致用，“六经之旨不同，而其道同归于用”。“故深于《易》者长于变，深于《书》者长于治，深于《诗》者长于风，深于《春秋》者长于断，深于《礼》者长于制，深于《乐》者长于性。”(陈舜俞《说用》)范仲淹与其再传弟子陈舜俞都是从造就经邦济世的通才、大才的角度论述儒家经典的。但占人研读经典，由十身份不同、目的不同，取径也不尽相同。郭绍虞在《中国文学批评史》中指出：“古文家、道学家和政治家一样的宗经，但是古文家于经中求其文，道学家于经中求其道，而政治家则于经中求其用。”

就文学经典而言，文学经典指的是具有深厚的人文意蕴和永恒的艺术价值，为一代又一代读者反复阅读、欣赏、接受和传承，能够体现民族审美风尚和美学精神，具有广阔的阐释空间和当代存在性，能不断与读者对话，并带来新的发展，让读者在静观默想中充分体现主体价值的典范性权威性文学作品。“经也者，恒久之至道，不刊之鸿论。”（刘勰《文心雕龙·宗经》）

由于经典之作要经历时间和读者的检验，所以经典作家、经典作品经典化的过程会给我们一些有益的启示：读者和作家一起赋予了经典文学的经典含义。即就宋词而言，词体始于隋末唐初，发展于晚唐五代，极盛于两宋。但在宋代，词乃小道，不登大雅之堂，终宋一代，宋词从未取得与诗文同等的地位。欧阳修在《归田录》中曾记载：

> 钱思公（惟演）虽生长富贵，而少所嗜好。在西洛时，尝语僚属言：平生唯好读书，坐则读经史，卧则读小说，上厕则读小词。盖未尝顷刻释卷也。

虽然欧阳修之意在赞扬钱惟演好读书，但言及词则曰“小词”，且小词乃上厕所所读，则其地位可知。即就宋代词坛之大家如苏轼，在被贬黄州时，为避谤避祸，开始大量作词；辛弃疾于痛戒作诗之时从未中断写词的事实，也可略知其中信息。直至后世的读者研究者，越来越感知和发现了词体的独特的魅力——“词之为体，要眇宜修，能言诗之所不能言，而不能尽言诗之所能言。诗之境阔，词之言长”（王国维《人间词话》），才把词坛之苏辛，视如诗坛之李杜，赋予了宋词与唐诗相提并论的地位。

其他文体中如元杂剧之《西厢记》、章回小说之《水浒传》，也曾被封建卫道士视为“诲盗诲淫”之洪水猛兽而遭到禁毁，但名著本身的价值、读者的喜爱和历史的检验，奠定了它们经典之作的地位。

在一些经典作品经典化的过程中，读者甚至参与了经典作品的创作。李白的《静夜思》就是一个典型的个例。从文献学的角度看，宋代刊行的《李太白文集》、《李翰林集》中《静夜思》的原貌为：

床前看月光，疑是地上霜。
举头望山月，低头思故乡。

当代著名学者瞿蜕园、朱金城、安旗、詹瑛所撰编年校注、汇释集评本《李太白集》也全依宋本。但从明代开始，一些唐诗的编选者（读者）开始改变了《静夜思》的字句，形成了流行今日的李白的《静夜思》：

床前明月光，疑是地上霜。
举头望明月，低头思故乡。

所以，经过了历史长河的淘洗和历代无数读者检验而存留至今的中华文明宝库中的经典文学作品，是中华民族精神智慧的结晶。那么，在大力弘扬与传承优秀传统文化的今天，我们应该怎样学习阅读自《诗经》、《楚辞》以来的文学经典？古人的一些经典之作和经典性论述可以为我们借鉴。

横看成岭侧成峰，远近高低各不同。
不识庐山真面目，只缘身在此山中。

这是苏轼在元丰七年四月，自九江往游庐山，在山中游赏十余日之后所写的《题西林壁》诗。一生好为名山游的苏轼，在畅游庐山的过程中，庐山奇秀幽美的胜景，让诗人应接不暇。苏轼于游赏中惊叹、错愕，领略了前所未有的超出想象的陌生的美感。初入庐山，庐山突兀高傲，“青山若无素，偃蹇不相亲。要识庐山面，他年是故人。”移步换景，处处仙境，诗人喜出望外，“自昔忆清赏，初将杳霭间。如今不是梦，真个在庐山！”庐山幽胜美不胜收，于是诗人在《题西林壁》这首由游山而感悟人生的诗作中，寄寓了发人深思的理趣。苏轼之后，人们从不同的角度解读诗作给予人们的启悟。王国维《人间词话》中说：

> 诗人对于宇宙人生，须入乎其内，又须出乎其外。入乎其内，故能写之；出乎其外，故能观之。入乎其内，故有生气；出乎其外，故有高致。

而苏轼的《题西林壁》正是诗人对于人生对于庐山既入乎其内，又出乎其外的带有特有的东坡印记的智慧之作。古往今来，向往庐山，畅游庐山的游人难以数计，而神奇的庐山给予游人的感触各有不同，何以如此呢？因为万千游客，虽同游庐山，但经历不同，观赏角度有别，学识高下不一，游赏目的异趣，他们都领略的是各自心目中的庐山，诚所谓“横看成岭侧成峰，远近高低各不同”。也正如钱钟书《谈艺录》中所说："盖任何景物，横侧看皆五光十色；任何情怀，反复说皆千头万绪。非笔墨所易详尽。"所以，换个角度看世界，世界会更加丰富多彩；换个角度看人生，现实人生就会更具魅力；换个角度读经典，你会拥有你自己的经典，经典会更加经典。

千江有水千江月，千江水月各不同。古今中外的许多经典作家正是以独特的眼光观察大千世界，以独到的思维角度思考人生，以生花妙笔写人叙事，绘景抒情，继往开来，推陈出新，创造出一部部永恒的经典。"不畏浮云遮望眼，只缘身在最高层。"经典之所以为经典，其要因之一就是经典作家能够站在时代的制高点上，眼光独到，视点独特，思想深邃，能发前人之所未发。即以被称为"拗相公"的王安石为例，作为勇于改革的政治家，思想深刻的思想家，他的诗、文、词创作都具有鲜明的个性特色。四川大学中文系古典文学教研室选注的《宋文选·前言》中说：

> 王安石的文章大都是表现他的思想见解，为变法的政治斗争服务的，思想进步故识见高超，态度坚决故议论决断。其总的特色是在曲折畅达中气雄词峻。议论文字，无论长篇短说，都结构谨严，析理透辟，概括性强，准确处斩钉截铁，不可移易。

这一段话是评价王安石散文风格的，用来概括他的诗词特色也颇为恰切。王安石由于个性独特，识见高超，所以喜欢做翻案文章。他的这一类作品不是为翻案而翻案，而是确有独到深刻的见解，其《读史》、《商鞅》、《贾生》、《乌江亭》、《明妃曲》均是如此。即以其《贾生》而言，司马迁《史记》有《屈原贾生列传》，对贾谊的同情叹惋之意已在其中。李商隐因自己人生失意，对贾谊抑郁失意更为关注，其《贾生》诗曰：

宣室求贤访逐臣，贾生才调更无伦。
可怜夜半虚前席，不问苍生问鬼神。

这首咏史诗在切入点的选取上颇为独到，在对贾谊遭际的咏叹抒写之中，蕴含着深沉的政治感慨和人生伤叹，而这种感慨自伤情怀颇能引起后世怀才不遇之士的情感共鸣，给予了高度评价。但王安石评价历史人物的着眼点则跳出了个人人生君臣遇合的得失，立足于是否有用于世有助于时的角度，表达了独特的“遇与不遇”的人生价值观。遇与不遇，不在于官场职位的高低，而在于胸怀谋略是否得以实行，是否于国于民有益：

一时谋议略施行，谁道君王薄贾生。
爵位自高言尽废，古来何啻万公卿。

以人况己，以古喻今，振聋发聩，这样的诗作才当得上“绝大议论，得未曾有”的美誉。无论是回首历史，还是关注现实，抑或是感受人生，往往因作者的视角不同，立场观念有别，而感发不一，所写诗文，各呈异彩。

但是我们在阅读体验中还发现了一些很有趣的现象：读者有时所欣赏的并不是作者的得意之作，而有时候作者所自珍的，读者却有微词。欧阳修《六一诗话》有这样一段文字：

晏元献公文章擅天下，尤善为诗，而多称引后进，一时名士往往出其门。圣俞平生所作诗多矣，然公独爱其两联，云“寒鱼犹著底，白鹭已飞前”，又“絮暖鮆鱼繁，露添莼菜紫”。余尝于圣俞家见公自书手简，再三称赏此二联。余疑而问之，圣俞曰：“此非我之极致，岂公偶自得意于其间乎？”乃知自古文士不独知己难得，而知人亦难也。

欧阳修这种阅读体验不止一端，刘攽《中山诗话》记载：永叔云：“知圣俞者莫如某，然圣俞平生所自负者，皆某所不好。圣俞所卑下者，皆某所称赏。”于是也感慨知心赏音之难。

正因为知心赏音之难，所以古人强调阅读欣赏应该知人论世。于是了解探究历史，就有“纪事本末”类的系列著述。阅读欣赏诗词，即有《本事诗》、《本事词》、《词林纪事》、《唐诗纪事》、《宋诗纪事》、《明诗纪事》、《清诗纪事》等著作；阅读唐宋散文，也有《全唐文纪事》、《宋文纪事》之类的著述。对于读者而言，这些著述有助于我们由事知史，由事知人，进而由事知诗，由事知词，由事知文；或者说有助于我们加深对相关诗、词、文的深入了解。正是从这个视点出发，出于弘扬传统文化，建设社会主义精神文明的责任感与使命感，兰州大学出版社策划出版“故事里的文学经典”、“故事里的史学经典”、“故事里的哲学经典”（统称为

"换个角度读经典")系列丛书,同样出于历史使命感,我们愉快地接受了"故事里的文学经典"系列的撰写工作,首批包括《故事里的文学经典之唐五代词》、《故事里的文学经典之唐文》、《故事里的文学经典之宋文》、《故事里的文学经典之北宋诗》、《故事里的文学经典之南宋诗》、《故事里的文学经典之元曲》、《故事里的文学经典之唐诗》、《故事里的文学经典之宋词》。

当凝聚着丛书的策划者和撰著者共同心血的著述即将付梓之际,我们为和兰州大学出版社这次愉快的合作感到由衷的高兴,因为共同的弘扬优秀传统文化的目标,出好书就成为我们共同的意愿,所以撰写以至出版的一些具体问题,就很容易通过沟通达成一致。参与丛书撰写的同仁均长期从事中国古典文学的教学科研工作,怎样让经典文学作品走出大学的讲堂,走向社会,走向千家万户,是我们长期思考的问题;而由学者在一定研究基础上撰写的,面向更为广大的读者群的融学术性的严谨和能给予读者阅读的知识性、愉悦性则是出版社策划者的初衷。合作的愉快也为我们下一步自汉魏至明清诗、词、文部分的写作奠定了良好的基础。

由"本事"或者说由"故事"入手诠解阅读文学经典是我们的共识。

那些与诗、词、文密切相关的"本事",在古典文学名篇佳作的赏鉴研读中,主要是指与相关作品的创作、传播以及作家的生平遭际有关的"故事",抑或是趣事逸闻,其本身就是最通俗、最形象吸引读者的"文学评论",许多流誉后世的名篇佳作,几乎都伴随有引人入胜的"故事"或传说。这些故事或发生于作家写作之前,是为触发其写作的契机,所谓"感于哀乐,缘事而发";或是出于一种自觉的责任感使命感,"文章合为时而著,歌诗合为事而作"。而有些诗文本身就在讲故事,史传文学本身就与后世小说特别是传奇小说有千丝万缕的联系,所以唐宋散文中的一些纪传体散文名篇诸如《张中丞传后叙》、《段太尉逸事状》、《杨烈妇传》、《唐河店妪传》、《姚平仲小传》等颇具小说笔法。即如范仲淹之《岳阳楼记》,王庭震《古文集成》中也记述说:

> 《后山诗话》云:"文正为《岳阳楼记》,用对语说时景,世以为奇。尹师鲁读之,曰:'传奇'体耳!"《传奇》,唐裴铏所著小说也。

有些诗歌也是感人的叙事诗,在很多读者那里了解的苏小妹的故事,只是民间的传说,得之于话本小说《苏小妹三难新郎》、近年新编的影视作品《鹊桥仙》等。人们出于良好的心理愿望，去观看欣赏苏小妹和秦观的所谓爱情佳话，让聪明贤惠的苏小妹和苏轼最得意的门生秦观在虚构的小说、戏曲、影视作品中成就美好姻缘，而不去考虑受虐病逝于皇祐四年(1052)的苏洵最小的女儿、苏轼的姐姐八娘，和出生在皇祐元年(1049)的秦观结为秦晋之好是根本不可能的！而苏洵的《自尤》诗即以泣血之情记述了爱女所嫁非人，被虐致死的锥心之痛。但长期以来，由于资料的散佚，一些研究苏轼的专家对此亦语焉不详，台湾学者李一冰所著《苏东坡新传》即曰：

苏洵痛失爱女，怨愤不平，作《自尤》诗以哀其女(今已不传)。

我们依据曾枣庄先生《嘉祐集笺注》收录了《自尤》诗并叙，并未多加诠释，因为诗作本身就为我们含悲带愤地讲述了一个凄惨的八娘的短暂的一生的悲剧故事。苏小妹不是一个传说！

当然，也有一些故事发生在诗作传播之后，如《舆地广记》和《艇斋诗话》都记载，苏轼"为报先生春睡美，道人轻打五更钟"传到京城，章惇认为东坡生活快活安稳，于是又把诗人贬到海南。但是不论诗人是直书其事，还是借史言事，是因事论事，还是即事兴感，与诗作相关与诗人遭际相关的故事，都有助于我们对经典诗文在知人论世的基础上去读解诠释。

在"换个角度读经典"系列丛书之"故事里的文学经典"(第一批)将要出版发行之际，我们对兰州大学出版社的张仁先生、张映春女士为之付出的大量心血和兢兢业业一丝不苟的敬业精神表示由衷的感佩；对兰州大学文学院党政领导班子，特别是张炳成同志对于丛书的写作出版自始至终的关注支持深表感谢。同时，由于切入角度不同，对于相关诗、词、曲、文名篇的诠解也仅是我们的一得之见，所以我们热望广大读者多提宝贵意见，书山有路勤为径，学海无涯乐作舟，愿读者诸君和我们一起愉快阅读经典的同时，换个角度，读出我们各自心目当中的经典。

庆振轩

二〇一三年八月于兰州

目　录

帝王、侯王诗

士人诗歌

女性诗歌

民谣、乐府

帝王、侯王诗

大汉！大汉！几度梦回。汉王朝是继第一个大一统的短暂秦王朝之后，出现在华夏大地上的一个空前强大、稳定以及具有蓬勃旺盛生命力的王朝。这也是一个英雄辈出的时代。在无数英雄组成的星河里，有两颗最为耀眼的明星，一位是汉高祖刘邦，一位是汉武帝刘彻。“古来英雄尽解诗”，刘邦与刘彻不仅是大有为的君主，也是文采风流的诗人。高祖的诗歌雄浑豪迈，悲壮苍凉；武帝的诗歌俊逸古雅，气质高远。

汉代诸侯王身上似乎也甚少膏粱习气，无论或正或邪，都颇具野心与抱负，对生活充满着那种汉人各阶层从上到下一以贯之的热情。相应地，其诗歌也甚少后世这类人物常有的艳丽绮靡之气。勇时则尽勇（如刘章的《耕田歌》），悲时则尽悲（如刘友的《赵幽王歌》）。当然，汉末持执天下权柄的一代英豪曹孟德，作为著名诗家，与其二子并为后世所称，《短歌行》、《观沧海》等更是不朽名篇。让我们通过这些诗作走入作者的内心，感受大汉的王者气象吧！

英雄末路尽悲凉 不负君恩是楚腰

——项羽与虞姬的对歌

在项羽被战争拖得精疲力竭的时候，刘邦主动伸出橄榄枝要求议和。刘邦此举正合项羽心意，二者订立了鸿沟之盟，约定以鸿沟为界，互不干涉。刘邦就此还向天发誓说：“违约者，天厌之！人弃之！”订约后，项羽释放了刘邦的父亲和妻子。随后在张良、陈平的建议下，刘邦悖约，对撤退途中的项羽发动进攻。二者在固陵遭遇，展开激战，险些胜出的项羽加快撤退的速度。无奈军中粮草匮乏，天气寒冷，士兵饥寒交迫，士气低沉，行军速度大受影响。经过数战后，项羽最终被刘邦及韩信、彭越、英布（因受秦律被黥，又称黥布）等人围困在垓下。困在垓下的项羽命令士兵筑城抗击敌军，后人称此城为“霸王城”。此时刘邦率军三十万，项羽率军不过十万。敌我力量的悬殊及粮草的困乏，让久经战争的项羽再也没有了当年不可一世的气概。恐惧不安的情绪开始缠绕着他，折磨着他。

为尽快歼灭项羽，张良献出一计，命令汉军士兵围绕楚军阵营，在夜间演奏楚地音乐、唱楚地歌曲，他自己也登上高台吹箫助阵。此地也就成了后世有名的“楚歌台”“吹箫台”。本来便已兵困粮乏、士气低迷的楚军士兵听到家乡音乐，思乡厌战之情油然升起，楚军军心立马就被这歌声、箫声彻底瓦解，甚至很多将士干脆做了逃兵。项羽也被此阵势彻底迷惑，不禁生出汉军彻底占据了楚地的怀疑。听着楚声，他惊惧地问旁边人：“汉军已攻占了楚地吗？为何会有这么多的楚人在唱歌？”未能得到答案的项羽，焦虑不安，作战信心也一落千丈。面对眼前的困境，回想平生的豪情壮举，劳战一天的项羽夜不能寐，于是便起身饮酒消愁。美人虞姬伴随项羽南征北战，却从未看到项羽像现在这样无助、不安与焦虑，已隐隐意识到事情的不妙。她有心为霸王消忧，却无奈一个弱女子在乱世中又做不了什么，所能做的也只能是静静地陪着项羽，希望以此来安慰楚霸王。项羽看着眼前的红颜知己虞姬和帐外追随自己多年却所剩不多的江东子弟，不禁悲凉之气油然而生。项羽有心要带着将士们厮杀出去，而敌强我弱能否成功突围尚在两可，娇弱的虞姬怎经得起这样血腥的厮杀。想到这些，愁怀满腹的项羽扯着嘶哑的声音悲唱道：

力拔山兮气盖世。时不利兮骓不逝。
骓不逝兮可奈何！虞兮虞兮奈若何！

项羽这首歌在《史记》里未记其名，后人在谈到这首歌的时候称之为“力拔山操”（郭茂倩）、“垓下帐中歌”（朱熹）、“垓下歌”（冯惟讷），最为通行的是“垓下歌”一名。这首歌唱出了项羽的英雄之气，也唱出了英雄的末路之悲和铁骨柔情。

虞姬听出项羽歌中的悲凉、苦衷与隐忧。为了不成为项羽的牵绊，解其后顾之忧，虞姬早已做好了牺牲自己的准备。此时虞姬站起身来对项羽说：“大王最爱我的舞蹈，请让我为大王跳一支舞吧。”说罢，虞姬边唱边舞起来：

汉兵已略地，四方楚歌声；
大王意气尽，贱妾何乐生。

唱罢虞姬便拔剑自刎。重情重义的虞姬以生命答谢了项羽的厚爱和牵挂。一代绝世红颜，在楚王安乐时陪他欢乐，在楚王忧愁时为其解忧。最后，又为楚王毅然决然地自我牺牲。其人品的纯真勇烈令人钦佩。虞姬的这首《和垓下歌》在《史记》中没有记载，最早见于《史记正义》引用的《楚汉春秋》的记载。所以有人怀疑此诗为后人伪托，但不管怎样，这首诗唱出了当时的情境，即便是伪作也应算是超A货。清朝诗人何溥作诗《虞美人》赞美她：“遗恨江东应未消，芳魂零乱任风飘。八千子弟同归汉，不负君恩是楚腰（指虞姬）。”后世以“虞美人”为词牌名，表达了后人对虞姬的纪念。

《霸王别姬》剧照

强忍悲痛的项羽带领将士杀出一条血路逃到江边，乌江亭长提出要用船渡项羽过江的建议，项羽以无颜见江东父老为由拒绝了亭长的好意，最终在江边结束了自己的生命。项羽成就了一代传奇，也演绎出了中国文化的众多成语典故，如四面楚歌、破釜沉舟、卷土重来、羞见江东父老、匹夫之勇等。

一代帝王生前身后的无奈

——汉高祖刘邦的诗歌

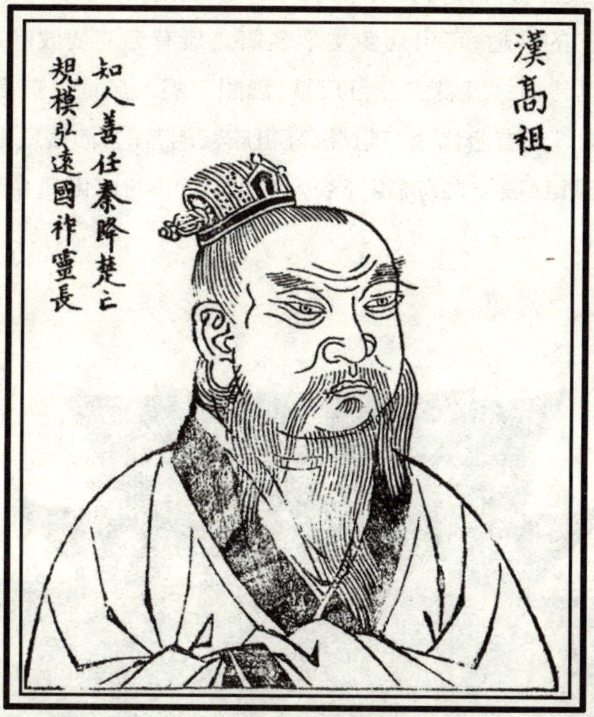

汉高祖刘邦

大风起兮云飞扬，威加海内兮归故乡，安得猛士兮守四方！

——《大风歌》

此诗是汉高祖刘邦在平定英布叛乱后，回京途中经过故乡沛县所作。他留居十余日，与父老子弟畅饮叙旧。席间，酒酣耳热之际，刘邦即兴抒怀，边击筑（古代一种打击乐器）边吟唱了这首诗歌。此时，高祖刘邦经过七八年的征战平叛，已将可能危及刘氏天下的力量，诸如韩信、彭越、英布、陈豨等，铲除殆尽。

内忧是解除了，可是匈奴不断进犯边境，外患仍在。而环顾左右，当年一起打天下的得力干将已所剩无几，刚刚建立的汉王朝能否经得起匈奴的骚扰，刘氏子孙能否守得住这来之不易的江山，都是这位在讨伐英布的战争中受箭伤且伤势加重的帝王所忧虑、担心的。三句诗将刘邦风云激荡的岁月、王者归来的荣耀、对国家前途的忧虑，铿锵有力、慷慨激越地表现了出来。至今江苏沛县还存有"歌风台"遗址。宋代朱熹评论此诗说："千载以来，人主之词，亦未有若是壮丽而奇伟者，呜呼，雄哉！"刘勰将之推尊为"天纵之英作"（《文心雕龙·时序篇》）。刘邦非常欣赏自己的这首诗，其后常与戚夫人一起歌舞此诗。刘邦这首诗也引起了历代诗人们的兴趣，写出众多文学名篇。最有名的要数晚唐诗人林宽的《歌风台》了。其诗曰："蒿棘空存百尺基，酒酣曾唱大风词。莫言马上得天下，自古英雄尽解诗。"另有唐代李商隐《汉高祖庙》、胡曾的《沛宫》、宋代张方平《歌风台》、元代睢景臣《般涉调·高祖还乡》套曲、明代朱朴《歌风台》、清代孙厚湘《歌风台》等。

歌风台

汉画像石

西汉舞人形玉佩，南越王墓出土

坐稳龙椅的刘邦除了忧心社稷安危、国家前途外，还担忧自己所宠爱的戚夫人和幼子赵王如意以后的命运。戚夫人是刘邦为汉王时所娶的定陶美女。戚夫人不仅容貌过人，而且善于歌舞，会跳“翘袖折腰舞”、于阗舞等(《西京杂记》所载)，深得喜爱乐舞的刘邦的宠幸。即便是行军打仗，刘邦都要带上戚夫人，甚至在人前也不避讳与戚夫人亲昵。在刘邦看来，他们两个人的儿子如意，无论是个性还是体貌都颇似当年的自己，而不像太子刘盈那般荏弱。加上刘邦对吕后强悍、嫉妒、残酷个性的了解，为了保证在自己百年后戚夫人和如意仍能平安地活着，刘邦屡屡想要废掉太子刘盈。然而帝王的家事永远不仅仅只是家事。废掉嫡长子，立年幼的庶子为储君，是关系国家命运的大事，不是刘邦随心所欲便可决定的。刘邦废太子的念头遭到老臣们的坚决反对，最后吕后遵循张良的计策，请出当时的高士“商山四皓”（东园公、甪里先生、绮里季、夏黄公）辅佐太子刘盈，才打消了刘邦废太子的心意。看着“商山四皓”的背影，刘邦无奈地叹息着，为了安慰立储无望而饮泣的戚夫人，刘邦唱了一曲《鸿鹄歌》：

鸿鹄高飞，一举千里。羽翼已就，横绝四海。
横绝四海，又可奈何？虽有矰缴，尚安所施？

真正打消刘邦废太子的或许不一定是四个既无实权又无多少能耐的隐士，他真正顾虑的可能还是刘氏天下的安稳。戚夫人除却歌舞外，在政治上没有一点根基，赵王如意虽像自己，但年龄太小无以自立，而自己因战伤累累将会不久于人世，如若真立赵王为太子，到时天下必将大乱。而当今的太子虽然柔弱，但已成年，吕后又饱经风雨，颇有心机，在朝中老臣中很有影响，将来可以很好地辅佐太子治理天下。无疑刘盈是太子人选中综合指数最高的一个。刘邦虽没有立如意为太子，但他在临终前尽可能地想办法保护戚夫人和如意。他派忠心耿直的老臣周昌去保护赵王如意，并在临终前四个月的时候，亲手写信给太子刘盈说，如果自己哪天不行了，要“以如意母子相累”。然而在刘邦死后，吕后便对如意母子大开杀戒。她一开始先将戚夫人的头发剃光，戴上枷锁，并强迫她穿上囚衣，发配永巷去舂稻谷。锦衣玉食的戚夫人难以忍受这种巨大的落差，心情抑郁，便一边舂稻谷，一边吟唱解忧，其歌词为：

子为王，母为虏！终日舂薄暮，常与死为伍！相离三千里，当谁使告女！

这首诗被吕后听到后，激起她更大的愤怒。她设计绕开周昌，将12岁的赵王骗至京师。虽然惠帝刘盈将如意带在身边加以保护，但吕后还是趁刘盈外出打猎的时候，用毒酒将如意在睡梦中害死。其后又将戚夫人施以酷刑后扔到厕所里，并取名“人彘”。吕后对待戚夫人的残酷，让知道“人彘”便是戚夫人的惠帝刘盈一蹶不振，郁郁寡欢，不再过问朝政，22岁便离开了人世。惠帝的驾崩并没能阻止吕后嗜血的狂热，她不断地寻找机会剪除没有血缘的刘氏子孙。赵王刘友（原封为淮阳王，吕氏毒死如意后，改封刘友为赵王）因不喜欢吕后给其安排的王后吕氏女，而遭到吕氏女的谗害，诬陷刘友曾说："吕姓人不可以封王。等太后死了，我一定要除掉他们。"吕后听后勃然大怒，将其骗至长安囚禁起来，最后活活饿死。在囚禁期间，赵王刘友作了一首诗批判吕后的暴行：

诸吕用事兮刘氏微，迫胁王侯兮彊授我妃。我妃既妒兮诬我以恶，谗女乱国兮上曾不寤。我无忠臣兮何故弃国？自快中野兮苍天与直！于嗟不可悔兮宁早自贼！为王饿死兮谁者怜之！吕氏绝理兮讬天报仇！

诗歌用楚辞体的形式，唱出了带着血泪的生命感受。

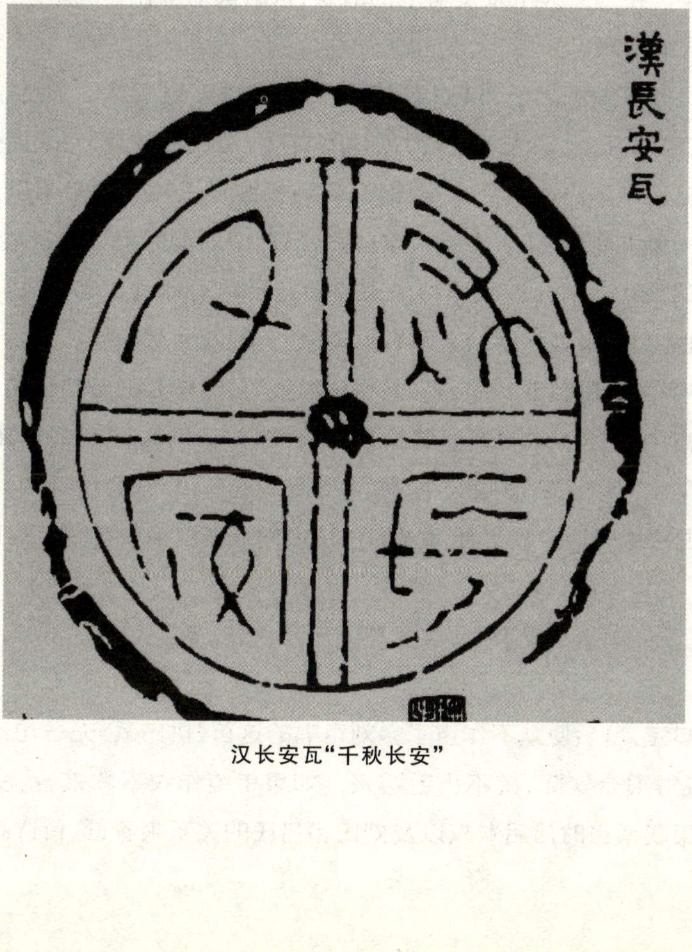

汉长安瓦"千秋长安"

风雨飘零中的最强音

——朱虚侯刘章的《耕田歌》

惠帝死后，吕后安排年幼的刘恭当上皇帝，吕后手中权力更盛。她违背刘邦的“白马之盟”，铲除朝中与其意见相左的大臣，大肆分封吕姓为诸侯王。吕后的侄子吕台、吕产、吕禄均被封王。吕禄拜为上将军，统帅国家最精锐的军队——北军；吕产拜为相国，吕家势力一时大大超过刘氏子孙。与此同时，吕后加紧消灭刘姓子弟，赵王如意被毒死、刘友被幽禁饿死、刘恢被迫自杀，刘氏子弟风雨凋零。在刘家天下岌岌可危的时候，朱虚侯刘章在一次皇家酒宴上大大振奋了刘氏的士气。

刘章是齐王刘肥之子，14岁时，在吕后的安排下娶了其侄子吕禄的女儿为妻，因其文武双全、一表人才，深得吕禄的喜欢。吕后封刘章为朱虚侯，命其负责宫中警卫工作。一次吕后大摆酒宴，宴请吕姓侯王和刘氏子弟以及陈平、周勃等大臣。酒酣耳热之际，为给大家助兴，吕后命刘章监酒。刘章站起身来说：“我是将军的后代，请允许我用军法来监酒。”吕后同意了。宴会进行到最热烈的时候，刘章站起来表示要给大家歌舞助兴，一时众人都叫好。刘章对吕后说：“今天臣下要为太后献歌一曲，名为《耕田歌》。”吕后年轻时曾耕田劳作，见从小生长于深宫中的孙子辈的刘章要给自己表演《耕田歌》，便有些轻蔑地嘲笑他说：“你的父辈可能还知道些农事，你从小便是王子，怎么会懂得如何耕田呢？”刘章回答说：“臣知道。”吕后便高兴地说：“那你就表演来看看吧。”刘章唱到：

深耕概种，立苗欲疏。非其种者，锄而去之。

刘章唱完，吕后便默不作声了。刘章唱的这首《耕田歌》无一句不是在说耕田，而且说得很合实际，挑不出毛病来。如果单纯作农事歌来看，没什么特别的。但如果联系当时吕后专权以及刘氏和吕氏的关系来看，这首诗就非同一般了。"深耕概种，立苗欲疏"，说的是刘氏子孙繁衍旺盛，血脉遍及全国。"非其种者，锄而去之"，则是针对吕氏侯王来说的，既然吕姓不是刘氏的正宗血脉，总有一天终究要将之除去。心思缜密的吕后怎么会听不出刘章歌里的意思，自然心里不高兴，但又抓不着证据，不便发作，只好默不作声。

这次酒宴上，刘章与吕后的作对并未到此为止。酒宴期间，有一个吕姓子弟因不胜酒力跑掉了。刘章知道后，二话没说，追上这个吕姓子弟，一剑便将此人了结。回到酒宴上，刘章对吕后及众侯王、大臣说，"有一个人逃酒，我已按临阵脱逃者斩的军法将其杀掉了。"大家听说后，大吃一惊。但因事先吕后已经允许其用军法监酒，又加上他是吕禄的女婿，便不好再追究。从此以后，大家对刘章多了几份敬畏。

吕后死时曾嘱咐吕禄等人发动政变，正式夺取刘氏天下。刘章从其妻子口中知道此消息后，便联合陈平、周勃等人提前控制了吕产的兵权，奠定了诛吕安刘胜利的基础。然而，刘章过人的胆识也使他遭到猜忌。文帝即位后，把他分封到城阳这个小地方去做侯王，处处防范着他。刘章倒也欣然地去做他的城阳王了，直到公元前177年病逝。

汉画像砖《宴饮》

佳人难再得

——汉武帝与李夫人的长恨歌

雄才大略、文治武功的汉武帝成就了大汉的鼎盛之世，在他传奇人生中出现的女性也都闪耀着异彩，有其幼时欲筑金屋藏之的陈阿娇，有为时人街谈巷议的“生男勿喜，生女勿忧，独不见卫子夫霸天下”的卫皇后，还有见到汉武帝而拳头始开的钩弋夫人。在汉武帝一生的众多女人中，他与李夫人的恋情颇值得一提。

汉武帝刘彻

李夫人身世卑微，家本倡优。她与汉武帝的邂逅还要从其兄李延年的一首诗说起。李延年原本因触犯法律而受到腐刑，派去给汉武帝养狗，但因其善于歌舞，故而受到武帝赏识。他常在汉武帝前表演自己创制的歌舞以博取武帝的好感，效果往往颇为不错。一次，李延年为武帝歌舞助兴，边舞边唱到：

> 北方有佳人，绝世而独立，一顾倾人城，再顾倾人国。宁不知倾城与倾国，佳人难再得！

被李延年的歌舞深深打动的汉武帝不禁感叹：“世岂有此人乎？”在一旁的汉武帝的姐姐平阳公主趁机引荐了李延年的妹妹，看到李家小妹气质不俗、清丽可人、舞姿曼妙，汉武帝满心欢喜，于是如同当年将本为歌女的卫子夫从平阳公主家纳入皇宫一般，也将其收入后宫，大加宠幸。不久李夫人便为汉武帝诞下一皇子，即后来的昌邑王刘髆。只可惜天妒红颜，入宫没几年，李夫人便染病在身，不久便形销骨立，卧床不起。武帝去看望已病入膏肓的李夫人时，李夫人对汉武帝说出了自己临终前的嘱托，希望汉武帝能够顾及自己的儿子刘髆及兄弟，但却蒙着被子拒绝与汉武帝相见。虽然武帝好言相劝，诱之以千金之赐，许之以兄弟封官的诺言，李夫人始终不肯让汉武帝见到沉疴缠身的自己。看到李夫人执意不肯相见以致啜泣起来，汉武帝只好作罢，怏怏不乐地离开。李夫人在一旁的姐妹看到这种情景，不禁责备李夫人执意不肯与汉武帝相见的做法。李夫人对答说："之所以不肯与皇帝相见，是因为我想让君王在我死后能对我的兄弟多加照顾。我因为姿色出众，才得以由一个卑微的倡优成为皇上宠爱的嫔妃。而以色事人，色衰而爱弛，爱弛则恩绝。皇上之所以还挂念着我，是因为在其心目中我还是以前那个光鲜美丽的李夫人。而今如果看到我现在枯萎衰败的容貌，一定会心中充满厌恶嫌弃，我还怎样指望皇上能念及我的兄弟。"冷静而目光深远的李夫人在临终前貌似执拗、不明事理的举动，赢得了汉武帝对她的一片痴情。李夫人死后，汉武帝按照皇后葬礼的规格埋葬了李夫人。其后，汉武帝拜其兄李广利为贰师将军、封海西侯，李延年被授予协律都尉一职。

李夫人去世后，汉武帝的后宫里依然佳丽云集，但他对李夫人的思念一直难以释怀。即便将她的画像挂在甘泉宫日夜相对，也无法消释对她的思念之情。齐地有个名叫少翁的方士自称会招魂法术，汉武帝令其在宫中摆上酒肉，拉起帷帐，借着晚上灯烛的光亮，在另一个帷帐中遥望，看到一个仿佛李夫人的身影翩然而至，但又不能走近去看，益发加深了汉武帝对李夫人的思念，于是写下了：

是邪？非邪？立而望之，偏何姗姗其来迟！

并命令乐工为这首诗谱上曲子来演唱，并创作了《李夫人赋》。

《汉书·外戚传》记载下了上文所述的汉武帝与李夫人的爱情故事。这段恋情被稍后的小说家们添枝加叶地渲染起来。《西京杂记》上说，李夫人进宫后备受宠爱，一次武帝头痒，顺手便将李夫人的玉簪拔下搔头，引得后宫女子们纷纷仿效李夫人以玉为簪，以致当时玉价飞涨。玉簪也因此而有了另外一个名字

“玉搔头”。东汉郭宪《汉武帝别国洞冥记》中则说，因汉武帝深切思念李夫人，所以东方朔便给汉武帝献上一枝怀梦草，使武帝得以与李夫人梦中相见。

从李夫人临终前执意拒绝与汉武帝相见的举动上看，李夫人虽本倡家出身，但她身上却透露着聪慧沉静的不俗气质，有着“绝世而独立”的那种孤傲、自惜、高洁的脱俗美。她用自己短暂的生命完成了汉武帝对北方佳人的臆想，用生死悬隔的时空距离塑造了自我之美，也引发了汉武帝对美的不舍。最后，在武帝驾崩后，李夫人陪葬武帝的茂陵，成为汉武帝永远的孝武皇后。

李夫人与汉武帝的爱情故事还丰富了中国的文化。今天我们使用的“绝世佳人”“倾国倾城”“姗姗来迟”等词都来源于此。而后世的诗歌也从中吸取大量营养。白居易《长恨歌》中所设计的唐明皇让临邛道士上天入地寻找杨贵妃的情节，便借鉴了汉武帝与李夫人的故事。后世取材于汉武帝与李夫人故事的诗歌也有很多，如曹唐的《汉武帝思李夫人》，李商隐、李贺各有《李夫人歌》一首，白居易的《李夫人》等。

天马踏匈奴 强汉霸寰中

——汉武帝的“天马”情结

久经战乱，民生凋敝，西汉初年皇帝乘坐的车子连四匹一样颜色的马都配不齐，丞相、将军们就只能坐牛车，更不用说组建骑兵军团了。文帝时采用晁错的建议鼓励民间养马以备军用，一匹马可以顶三个人的兵役。故而民间养马之风大盛，以至于街上到处是马，郊外的田野中更是马匹成群。这为汉武帝组建骑兵讨伐匈奴打下了基础。汉武帝时期出动上万骑的战争几乎年年都有。元狩四年（公元前119年），卫青、霍去病率十万骑军后又增加了十四万骑兵攻打匈奴，将匈奴远远地驱赶到大漠以北，在狼居胥山举行祭天仪式，成就了后世“封狼居胥”的佳话。

尽管军用马匹在数量得到了充分的供给，而相对于匈奴健壮善奔的良种马，汉地马匹显得相形逊色。寻求良种马，增强军事力量，给匈奴人彻底一击，成了汉武帝的日思夜想的事情。为求良马，以迷信著称的汉武帝亦在此事上光大其嗜好。他招人占卜，得到结果是“神马当从西北来”。“上若好之，下必甚焉。”当时河南南阳有个名叫暴利长的人，因触犯刑法被罚到敦煌戍边屯田。他看到水边经常出现一匹异常彪壮的野马来饮水，暴利长便想抓住野马进献皇帝以立功赎罪。他先塑了一个手拿皮带缰绳的泥人在水边，待野马对泥人习以为常后，暴利长自己装扮成泥人，趁野马不注意的时候将其套住，进献给了汉武帝，并自圆其说，声称此马是从水中跳出来的。汉武帝见到此马后，觉得此马果然气韵不俗，不是凡马可以匹敌的，只堪与龙为友。认为这匹马是上天感应到了他求马的诚心而赐予的，汉武帝一时高兴作下了《天马歌》予以称颂。其诗曰：

太一贡兮天马下，沾赤汗兮沫流赭。
骋容与兮跐万里。今安匹兮龙为友。

这是《史记·乐书》中的版本，在《汉书·礼乐志》中，此诗经改编、增扩，变成了下面的样子：

太一况，天马下，霑赤汗，沫流赭。志俶傥，精权奇，籋浮云，晻上驰。体容与，迣万里，今安在，龙为友。

除此首《天马歌》外，汉武帝还作有《西极天马歌》一诗，这首诗不同于《太一天马歌》对良马的歌颂，着重突显的是四夷降服、威德远加的大汉帝国的气概。汉武帝从邻邦得到的马匹一个源自乌孙，另一个来自大宛。前者是乌孙震慑于汉朝强大的国力主动送上，请求通婚永世为好；后者则是武帝历时四年，伤亡数万人马从大宛抢回来的。当初有人知道武帝好马，便报告说贰师城里藏着大宛最优质的马匹。汉武帝便派使者带着丰厚的财物前去交换宝马，大宛人不肯将宝马献出，还杀死了汉朝使者。这一下子激怒了汉武帝，汉武帝派李广利领兵数万攻打大宛。而此次出兵因路途遥远、兵力有限、军需供给不足，失败而归。武帝大怒，派使者驻守玉门关，称敢入关者斩无赦。李广利只好留驻敦煌。经过一年多的准备，汉武帝再次大规模出兵围困大宛城，城内贵族杀掉大宛王请求议和。终于，李广利带着数十匹大宛宝马和三千余匹普通大宛马班师回朝。大宛马入汉后，以其优良的种性取代乌孙马独享"天马"的头衔。汉武帝因此而作的《西极天马歌》便洋溢着大汉帝国的赫赫声威，其诗曰：

天马徕兮从西极，经万里兮归有德。
承灵威兮降外国，涉流沙兮四夷服。

此是《史记·乐书》中的记载，在《汉书·礼乐志》中，诗歌是这样写的：

天马徕，从西极，涉流沙，九夷服。天马徕，出泉水，虎脊两，化若鬼。天马徕，历无草，径千里，遁东道。天马徕，执徐时，将摇举，谁与期？天马徕，开远门，竦予身，逝昆仑。天马徕，龙之媒，游阊阖，观玉台。

汉武帝所写的《太一天马歌》和《西极天马歌》，后交给乐府配乐，用于郊祀典礼，成为郊祀歌。郊祀歌通常用于祭祀神灵、祖先，赞美祥瑞，庄严郑重，不是随便一首诗都可以用作郊祀歌的。由此可见汉武帝对“天马”的重视。在武帝的时代，天马确实也不仅仅只是一匹良马，它意味着汉朝国力的强盛，意味着汉匈关系的彻底扭转，意味着汉武帝的文治武功。故而，马也成了汉人艺术中的经典意象。汉墓出土的文物也多为马，有铜奔马、木雕马、陶马，还有砖刻马，这也是崇尚马的具体表现，经典造型有马踏匈奴、马超龙雀等。汉武帝甚至在元狩四年（公元前119年）所造的银锡白金钱币上铸上马的图纹。受汉武帝的启发，后世文人也喜欢写天马。李白、杜甫、张仲素、张率等人都曾作诗歌颂天马，最著名的要数李白的《天马歌》，其诗为：

天马来出月支窟，背为虎文龙翼骨。嘶青云，振绿发，兰筋权奇走灭没。腾昆仑，历西极，四足无一蹶。鸡鸣刷燕晡秣越，神行电迈蹑慌惚。天马呼，飞龙趋，目明长庚臆双凫。尾如流星首渴乌，口喷红光汗沟朱。曾陪时龙蹑天衢，羁金络月照皇都。逸气稜稜凌九区，白璧如山谁敢沽。回头笑紫燕，但觉尔辈愚。天马奔，恋君轩，駷跃惊矫浮云翻。万里足踯躅，遥瞻阊阖门。不逢寒风子，谁采逸景孙。白云在青天，丘陵远崔嵬。盐车上峻坂，倒行逆施畏日晚。伯乐翦拂中道遗，少尽其力老弃之。愿逢田子方，恻然为我悲。虽有玉山禾，不能疗苦饥。严霜五月凋桂枝，伏枥衔冤摧两眉。请君赎献穆天子，犹堪弄影舞瑶池。

马踏飞燕

汉画像砖

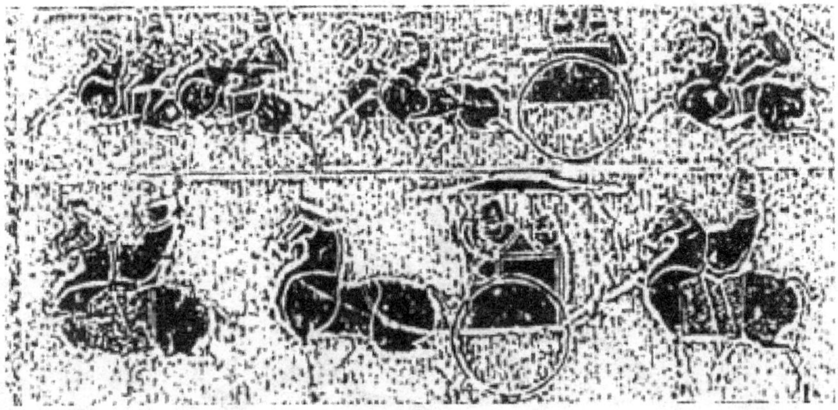

汉画像石

汉画像砖

陶马

求仙虽妄 文采不逊

——汉武帝的《秋风辞》

西汉皇帝中巡幸各地最勤者，要数汉武帝。在其执政的五十余年中，汉武帝外出巡行三十多次，登山临海，遍祭江河山岳，方向上主要集中在北部和东部。去北方主要视察边防，震慑匈奴，有利于巩固边疆；其东巡则主要是为了寻仙求长生，而且随着年龄的增长，这种愿望便愈加强烈。对死亡的拒斥，对长生的渴望，使汉武帝近乎痴迷、狂热地重用方士寻仙求长生。秦末已经逐渐销声匿迹的方士，在武帝时期又活跃起来。从方士李少君到齐少翁，再到栾大、公孙卿，一个接一个的方士骗走了汉武帝不知多少金银钱帛、高官厚禄，甚至连公主都骗去当老婆。每当汉武帝发现方士露出马脚，总毫不留情地杀掉，然后继续重用其他方士寻仙求长生。听到哪个地方有神仙出没，汉武帝定要不远万里地前去相会。据说吃了用柏梁台上承露盘中的露水和玉石粉末制成的仙露后，人便可以强身健体、长生不老。尽管此种仙露滞涩难以下咽，但只要得到仙露，汉武帝便会视若珍宝、一饮而尽，害得生了场大病后方才有所收敛。汉武帝一生不懈地寻仙求长生的活动，也未能阻挡其身体日益衰老的步伐。晚年的汉武帝才幡然悔悟，意识到神仙方术不可靠。

据《汉武故事》说，汉武帝巡幸河东，祭祀后土。祭祀完毕后，与群臣泛舟汾水，宴饮欢歌。汉武帝一时高兴，写了著名的《秋风辞》，其诗曰：

> 秋风起兮白云飞，草木黄落兮雁南归。兰有秀兮菊有芳，怀佳人兮不能忘。泛楼船兮济汾河，横中流兮扬素波。箫鼓鸣兮发棹歌，欢乐极兮哀情多。少壮几时兮奈老何！

据《史记·武帝纪》记载，汉武帝共六次巡幸汾阴。《秋风辞》当为元鼎四年(公元前113年)秋天所作，其时汉武帝四十四岁，正当壮年。

诗歌开首两句借助“秋风”“白云”“草木”“大雁”四个典型意象勾勒出宏大开阔的秋天画面，并用“起”“飞”“落”“归”四个动词为整个画面增添流动感和生命活力。手法上借鉴了刘邦的《大风歌》开首“大风起兮云飞扬”一句。其后两句颇有《楚辞·九歌·湘夫人》的意味。清人张玉谷说“‘怀佳人’句，一篇之骨”（《古诗赏析》卷三），他认为佳人指的便是仙人。因为武帝巡幸河东，祭祀后土为的就是求仙，此时想到的佳人当是仙人。豪华壮丽的皇家楼船威严地开进在汾水之上，激起浪花千层。楼船之上武帝与群臣迎着凉爽的秋风，欣赏着汾水两岸如画的秋景，乐工歌女们各逞其能，现出各自的绝技讨好帝王高官们。一代雄主的无上威严，人间的富贵繁华，极尽于此时。而就在这时，想到多年求仙未果，长生无望，人的老去不可避免时，汉武帝心中悲哀之情顿起，自己虽贵为九五之尊，但仍逃不了生老病死，所有的富贵荣华终成过眼云烟。王尧衢评判此诗说“乐极悲来，乃人情之常也。愁乐事可复而盛年难在。武帝求长生而慕神仙，正为此一段苦处难谴耳。念及此而歌啸中流，顿觉兴尽，然自是绝妙好辞”（《古诗合解》卷一）。

武帝面对秋景抒发盛年难在、人生苦短、少壮易老的人生感慨，虽然诗歌整体呈现为“缠绵流丽”，但仍不乏慷慨悲凉的阳刚之美。此诗被胡应麟推为“百代情致之宗”（《诗薮》）。后因武帝死后葬于茂陵，加上他写过这首《秋风辞》，后人常以“茂陵秋风客”来指称汉武帝。

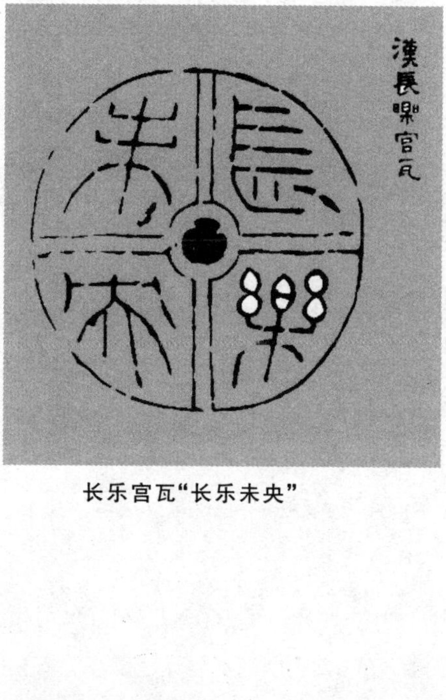

长乐宫瓦“长乐未央”

汉瓦当实物“长乐未央”

长乐宫瓦“长乐万岁”

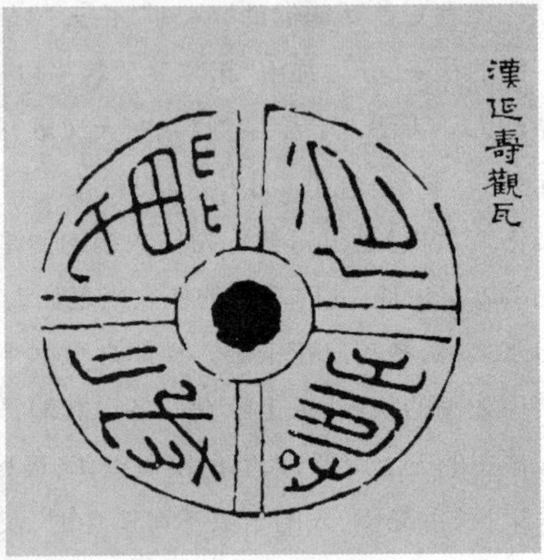

汉延寿观瓦“延寿万岁”

“不封禅兮安知外”

——汉武帝的《瓠子歌》

元光三年(公元前132年)春,黄河在河南境内决口,先决于顿丘(今河南清丰西南),后决于濮阳瓠子河堤(今河南濮阳西南),导致梁、楚等地发生严重水患。汉武帝派汲黯、郑当时带领十万人治理水灾,丝毫未见成效。丞相田蚡认为黄河泛滥是天意,非人力可以改变。迷信神仙天命的汉武帝觉得有道理,就停止了对黄河的治理。在此后的日子里,河水泛滥地区的庄稼颗粒无收,百姓被淹死、饿死的不计其数,很多人背井离乡躲避水灾。

元封二年(公元前109年),汉武帝封禅泰山后在回京的途中路经瓠子,看到了原本应长庄稼、百姓安居乐业的大地上洪水肆虐,波浪滔天,生灵涂炭,哀鸿遍野。倘若不是封禅归京途中偶然看到这番景象,远在长安当帝王的汉武帝怎能了解水灾如此严重,百姓的日子如此凄苦。这一切不禁令汉武帝感慨万分。汉武帝一面怨河伯不仁,让洪水泛滥不止;一面又沉白马、玉璧祭祀河伯,祈求河伯能令河水回归正道。同时汉武帝下决心再次整治黄河,下令汲仁、郭昌征集数万人到瓠子河口治理黄河决口问题。汉武帝下令随从官员自将军以下皆背负柴草填河。而当地百姓皆烧柴草来做饭取暖,所能用来填河的便寥寥无几。大家便开动脑筋,集思广益,决定效法战国李冰修建都江堰时,筑楗尾堰来防止江河决堤的成功经验。其方法是在直径三尺、长十丈的竹笼里装满土石,通过不断投置累加来堵塞河水。于是汉武帝便派人到河南境内的卫地淇园砍伐竹子做竹笼并填充土石来堵塞决口。此法果然奏效,泛滥了二十三年的瓠子决口,在汉武帝的统筹指挥下,群策群力,万众一心终于给堵上了。为了庆祝胜利,汉武帝特意在河堤上建造了宣防宫。在治河过程中,汉武帝亲作一首《瓠子歌》来记述此事,其诗曰:

其一

瓠子决兮将奈何，浩浩洋洋兮虑殚为河。殚为河兮地不得宁，功无已时兮吾山平。吾山平兮钜野溢，鱼弗忧兮栢冬日。正道驰兮离常流，蛟龙骋兮放远游。归旧川兮神哉沛，不封禅兮安知外。皇谓河公兮何不仁，泛滥不止兮愁吾人。齿桑浮兮淮泗满，久不反兮水维缓。

其二

河汤汤兮激潺湲，北渡回兮迅流难。搴长茭兮湛美玉，河公许兮薪不属。薪不属兮卫人罪，烧萧条兮噫乎何以御水。隤林竹兮揵石菑，宣防塞兮万福来。

——《瓠子歌》

诗歌分两部分，前一部分通过虚实结合的手法描写了洪水之大，后一部分着重写治理洪水的过程。在诗歌叙事的表层之下，是汉武帝对洪水泛滥涂炭生灵的悲悯情怀和偌大的洪水得到治理后的得意欣喜的心情。诗歌风格质朴，语气豪放，颇有雄主风范。清人张玉谷评价此诗说："悲悯为怀，笔力古奥。帝王著作，冠冕西京。"(《古诗赏析》)

名将灭匈圆帝梦 茂陵秋风思汉将

——汉武帝的《思奉车子侯歌》

汉代长安西北的咸阳原埋葬了西汉九位皇帝,其中最宏伟的是汉武帝的茂陵。在茂陵东北有一座状似祁连山的陪葬墓冢,这便是汉武帝的爱将霍去病的墓。墓冢上散置了多件刻石、石像,现仍存有16件,为世人所广知的是其中的"马踏匈奴"。汉武帝是在用状似祁连山的墓冢和马踏匈奴的刻石,向后人们宣扬着霍去病的显赫战功以及在他心目中的特殊位置。

马踏匈奴

伏虎

霍去病出身并不显赫，本为卫子夫的姐姐卫少儿与平阳县小吏霍仲儒私通所生。在其满周岁时，卫子夫得到汉武帝的宠幸，其后他的舅舅卫青又为汉帝国建立卓著功勋，如此一来霍去病方才得到显贵身份。凭借卫子夫与卫青的双重关系，霍去病得以自由出入宫禁，并深得汉武帝的宠爱。一次，汉武帝要教霍去病孙武、吴起兵法，霍去病说："作战看的是谋略，用不着学古代兵法。"武帝为其建造府宅，要带他去看看，霍去病却说："匈奴不灭，无以家为。"霍去病虽从小受到帝王宠幸，但他并不像一般的纨绔子弟只知斗鸡走狗，他一直渴望能够驰骋疆场消灭匈奴。他的人生志向与汉武帝颇为相合，故而深得武帝的喜爱。

元朔六年（公元前123年），汉武帝派18岁的霍去病以骠骑校尉的身份参加了漠南之战，他以八百骑兵奔袭大漠，斩敌二千余人，包括匈奴相国和当户，杀死单于祖父一辈的籍若侯产，活捉单于叔父罗姑比，霍去病所率八百骑全身而返。汉武帝龙颜大悦，赐其为"冠军侯"。元狩二年（公元前121年），汉武帝任命霍去病为骠骑将军独自领兵一万出征匈奴。在皋兰山遭遇匈奴的卢侯王、折兰王，霍去病损兵七千，斩杀了卢侯王和折兰王，俘获浑邪王子及相国、都尉，斩敌八千九百余人，匈奴人祭天所用的金人也成了汉军的战利品。同年夏天，汉武帝决定乘胜追击，以霍去病为汉军统帅展开收复河西之战。在同行将领迷路、被困的局面下，霍去病孤军深入。在祁连山，霍去病斩敌三万余人，降者二千五百人，俘虏匈奴王爷五人及阏氏、王子等五十九人，相国、都尉、将军、当户六十三人。经此一战，匈奴被迫退到焉支山以北，汉朝收复了河西平原。曾经为所欲为的匈奴人不得不唱起了悲歌：

亡我祁连山，使我六畜不蕃息；失我焉支山，使我妇女无颜色。

霍去病，这个初入战场的少年，他的辉煌战绩让人惊叹。而更具传奇色彩的是这年秋天霍去病受降一事：

经过两次河西之战后，匈奴单于想收拾掉屡屡败阵的浑邪王。结果消息走漏，浑邪王和休屠王便打算投降汉朝。汉武帝怕其中有诈，便派霍去病去边境受降。匈奴人到了汉朝边境后，有些士兵不想投降，便纷纷逃遁。霍去病带领几个亲兵飞驰入匈奴军营，斩杀想逃跑的士兵八千人，又命浑邪王乘车去见汉武帝，自己带领数万匈奴兵回到长安。一个十几岁的少年在匈奴人的阵营里波澜不惊地完成受降，不禁让人感叹霍去病强大的气场，甚至怀疑是否真有上天在冥冥中眷顾着这位少年英雄和他身后的大汉王朝。至此，汉朝正式将河西四郡：酒泉、张掖、武威、敦煌纳入自己的版图。在元狩四年（公元前119年）发起的漠北之战中，霍去病成就了其军事生涯中的巅峰。他率部深入大漠两千余里，杀敌七万，俘获匈奴王爷三人，将军、当户、相国、都尉八十三人，汉军仅损失一万五千人。在此次战役中，霍去病一路开进直到狼居胥山，在其上举行祭天之礼，在姑衍山行祭地之礼。之后继续追击匈奴，直到瀚海，方才撤兵。此战之后，“匈奴远遁，漠南无王庭”。霍去病得与卫青同封大将军大司马，迎来了人生中最辉煌的时刻。而两年后，元狩六年（公元前117年），年仅24岁的霍去病因病去世。汉武帝非常伤心，命令铁甲军和霍去病生前俘获的匈奴人全都穿上黑色的衣服，从长安一直排到茂陵霍去病的墓地，护送霍去病进入墓地。为表彰霍去病的功绩，汉武帝命人将霍去病的坟墓造成河西走廊的标志性山脉——祁连山的样子。因霍去病名嬗，字子侯，从武帝封泰山时为奉车都尉，故而又有“奉车子侯”一名，汉武帝因哀伤霍去病暴卒，于是作了一首诗予以纪念，其诗曰：

嘉幽兰兮延秀，蕈妖婬兮中溏。华斐斐兮丽景，风徘徊兮流芳。
皇天兮无慧，至人逝兮仙乡。天路远兮无期，不觉涕下兮沾裳。

霍去病的传奇身世和煌煌战功，引得后世诗人，如王维、李白、杜甫、韦应物、高适、李益、杜牧、欧阳修、辛弃疾等纷纷作诗、作词歌颂他。例如，王维的《出塞作》：

居延城外猎天骄，白草连天野火烧。暮云空碛时驱马，秋日平原好射雕。护羌校尉朝乘障，破虏将军夜渡辽。玉靶角弓珠勒马，汉家将赐霍骠姚。

霍去病墓

鸡鸣天上　犬吠云中

——淮南王刘安的《八公操》

中华民族是个早熟的民族，丝毫不存在如西方那般旖旎烂漫的神话故事，流传下来的神话支离破碎，散落在先秦两汉时期的著作中。其中《淮南子》中保存了大量神话，如女娲补天、后羿射日、共工怒触不周山、嫦娥奔月等。这本书的作者是汉代的淮南王刘安及其门客。

刘安16岁承袭父爵封为淮南王，国都定在寿春。生性不喜犬马声色，唯独喜好读书、鼓琴，招揽门客。投于淮南王刘安门下的宾客方士据说有数千人，较有名气的有人称“八公”的苏非、李尚、左吴、田由、雷被、毛被、伍被、晋昌，人称“九师”的九个《易》学专家以及诸儒大山、小山。在淮南王刘安周围形成了汉初颇具规模的学术集团。除与门客品谈天下，讨论治国良方，钩沉古史轶闻外，刘安还喜好修仙炼道，方技术数。据说当年刘安和宾客写作了《内书》二十一篇，即今天的《淮南子》；多篇《外书》，大概是《汉书·艺文志》中所载录的《淮南外》；《中篇》八卷，大概有二十余万字，主要谈及的是神仙方术、金石丹药、点石成金的内容，可惜《中篇》早已失传。武帝早期，作为叔父的刘安以其博学多才及对神仙的喜好深得武帝的尊重和亲近。刘安每次上朝，武帝总要与刘安畅谈天下大事、诗文辞赋、神仙之事。甚至连发给刘安的诏书、文告，汉武帝都要请当时的大文豪司马相如等人润色修改后才发送出去。

刘安雅好神仙之术，东晋道教理论家、医学家、炼丹术家葛洪在其《神仙传》中记载了刘安求仙的故事：

由于刘安礼贤下士，广纳贤才，有一天，八位仙风道骨、鹤发童颜的老者登门求见。家臣秘密禀告了刘安，刘安想设计难一难这八公，看看他们是否有真才实学。

家臣出到门外，未等八公开口，故意傲慢地说道：“我家大王上欲求精通不老之术的神仙，中欲得博学多闻的儒士，下欲求力能扛鼎的武士。如今几位先生都已年老，看起来显然一无延年驻颜之术，二无扛鼎打虎之力，三者恐怕也没多少年岁可以研究经书、通晓治国平天下的道理了吧。小人不敢通报。”八公中一人笑道：“我们听说大王尊礼贤士，渴求人才。但凡有一技之长的人，大王莫不收罗至门下。何必爱少而嫌老。这恐怕不是发掘山石采集美玉，搜索深渊找寻宝珠的态度吧。”这时，其他老人纷纷插嘴道：“唉，嫌我们老，我们就变成少年吧。”话音刚落，八公一下子都变成了十四五岁的童子，头上梳着乌黑的发髻，面如桃花般鲜艳。家臣大吃一惊，飞跑着去报告淮南王。刘安闻报，连鞋子也没穿，就光着脚出去迎接。

刘安请八公登上思仙台，拉起锦绣帷帐，焚烧好香，摆上金玉几案，对八公北面叩拜，行弟子之礼。先前的八个童子立马又变回了八位老者，向刘安描述了各自的神通本领：“我们能呼风唤雨，驱龙使虎，分身变幻，越海凌波，刀枪不入，水火不侵，煎泥成金。但凡大王有欲求，我们都可以满足。”刘安早晚虔诚地朝拜八公，供奉佳肴美食，各试其所能，无不灵验。八公传授刘安《丹经》三十六卷，依法炼制丹药，丹药练成后，还没来得及服下丹药。淮南王太子却惹出了麻烦。

原来淮南王太子刘迁与刘安门客雷被比剑而被误伤，刘安听信太子的谗言解除雷被的职务。雷被怕遭报复便借朝廷招兵攻打匈奴的机会跑到了朝廷中，并上书朝廷申诉自己的委屈。朝廷下令追究此事，要抓捕太子。

刘安向八公请教应对之策。八公对刘安说：“看来，大王是时候离开了，这是上天的旨意。”刘安按照八公的吩咐，登山大祭，埋金于地，白日升天而去。他服剩的丹药，留在庭中，鸡犬舔食之后，也得以升天，以至于鸡鸣云中、犬吠天上。照《史记》所载，刘安是谋反自杀而死。然而，《神仙传》中所记载的这个美丽故事似乎比正史的记载有了更强大的生命力，以致后世有了“一人得道，鸡犬升天”的说法。后人的诗歌中时常运用这个典故，如“春日莺啼修竹里，仙家犬吠白云间”（杜甫《滕王亭子》），“却羡淮南好鸡犬，也能终始逐刘安”（罗隐《东归别所知》），“若向云中见鸡犬，可能浑忘姓刘人”（刘筠《寄灵仙观舒职方学士》），“鸡犬亦飞升，熊鱼得所欲”（黄遵宪《游箱根》）。《古今乐录》中记载了一首《八公操》，相传是刘安所作，诗歌内容附会的也是葛洪《神仙传》中的故事，其诗曰：

煌煌上天照下土兮。知我好道公来下兮。公将与予生毛羽兮。超腾青云蹈梁甫兮。观见瑶光过北斗兮。驰乘风云使玉女兮。含精吐气嚼芝草兮。悠悠将将天相保兮。

汉画像砖《贤人骑鹿》

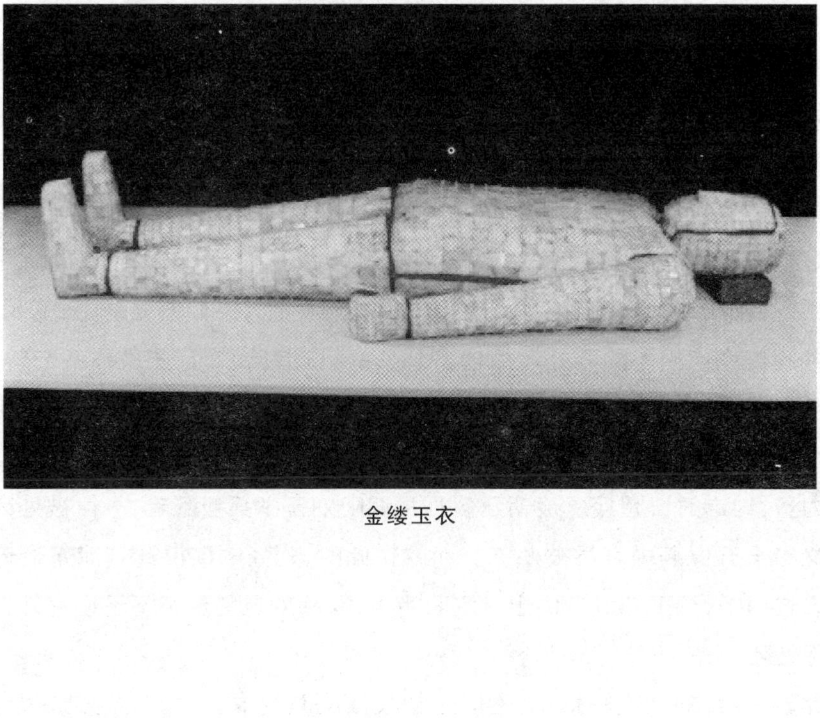

金缕玉衣

多行不义必自毙

——燕王刘旦与华容夫人歌

因巫蛊之祸而被逼起兵的太子刘据，在兵败逃亡过程中，为官吏追捕而被迫自杀。太子死后，汉武帝渐渐意识到太子的无辜，丧子之痛与悔恨之情令其迟迟不肯重立太子。而此时在武帝的诸多皇子中，唯有燕王刘旦年纪最长，按惯例他似乎应顺理成章地成为新一任太子。史书记载此人聪明有谋略，博学旁收，经书、杂说、星历、数术、倡优、射猎无所不涉，并喜欢招揽游士。刘旦因藏匿亡命之徒而被武帝削去良乡、安次、文安三县，此事也加深了武帝对他的厌恶。

太子死后，刘旦一直觊觎皇位。武帝活着的时候，他上疏请求入宫去保护皇帝，当即便被武帝看穿他觊觎帝位的心思，武帝大发雷霆，将使者投入大牢。武帝驾崩之初，刘旦便派亲信孙纵之、王孺等人京查探消息。王孺见到执金吾郭广意后，便询问："先帝因何病而崩？立谁为帝？年几岁？"当刘旦得知武帝去世时是诸将军共立太子，太子只有八九岁的消息后，便认定事情有猫腻。其后派人到各郡国散播谣言：当今皇帝不是武帝之子，是大臣们所立的，天下人应该起来共同讨伐他们。除四处散播谣言外，为密谋造反，刘旦还谎称武帝曾诏令其加强军事力量以备突然事变，以此为幌子大肆收敛铜铁铸造武器、校阅军队，并多次举行军事演习。他积极联络宗室中山哀王之子刘长、齐孝王之孙刘泽等谋反力量，约定时日起兵反叛朝廷。凡是谏阻刘旦举兵叛乱者，一律被处死，共有韩义等十五位燕国官员被杀害。而就在此时，刘泽的谋反计划泄露遭逮捕。在审讯过程中，燕王刘旦被供出。汉昭帝下诏，除刘旦是至亲不予追究外，其余人全部处死。

此事之后，刘旦不知感恩，不但未加收敛反而变本加厉。他勾结其姐盖长公主、上官桀父子、桑弘羊等人，密谋除掉霍光，废掉汉昭帝。他们上书诬告霍光意图篡权，被汉昭帝识破而疏远了他们。上官桀等人又密谋借盖长公主宴请霍光的时候，刺杀霍光，并顺势废掉汉昭帝。此计还未施行便已泄露，汉昭帝下令逮捕上官桀父子、桑弘羊等人，全部诛杀，盖长公主也畏罪自杀。刘旦听到消息后，非常害怕，与燕国丞相商议要不要造反，燕相力主不可。忧虑万分的刘旦摆上酒宴，召集宾客、王妃一起饮酒。席间，刘旦唱道：

归空城兮狗不吠，鸡不鸣，横术何广广兮固知国中之无人！

刘旦野心勃勃，一心想要当皇帝，但两次谋反，事情还未真正进入主题，便因计谋泄露而失败，而郡国里反对他谋反的人又比比皆是。远在燕地的刘旦只能翘首西望长安了。时运不济，得人不力，夹带着不甘心的无奈，在一句“固知国中之无人”里都唱了出来。此情此景，燕王刘旦的宠妃华容夫人也应和着起舞歌唱起来：

发纷纷兮寘渠，骨籍籍兮亡居。母求死子兮妻求死夫。裴回两渠间兮君子独安居！

华容夫人的歌唱将死亡的残酷与凄苦之情渲染到极致。在座者无不纷纷落泪。其后汉昭帝下诏责问刘旦，刘旦自知无路可走，自杀身亡。他的妃子自杀者达二十余人，汉昭帝施恩赦免他的儿子刘建为平民。一个汲汲于权力的诸侯王的人生就这样谢幕了。

信巫为巫误　害人终害己

——刘胥的《广陵王歌》

太子刘据因巫蛊之祸被迫自杀后，太子之位就成了汉武帝其他几个业已成年的儿子所觊觎的对象。个个使尽浑身解数谋求太子之位。汉武帝在临终时才下诏选立继承人，当时年仅八岁的刘弗陵最终登上皇位，是为汉昭帝。昭帝的即位打破了很多人的皇帝梦，广陵王刘胥便是其中之一。

昭帝即位后，铁腕人物霍光辅政。因为昭帝年幼，为安抚没有得到皇位的刘胥，昭帝即位之初便加封刘胥食邑一万三千户。元凤年间，刘胥入朝，又加封一万户，赏钱无数。一心想做皇帝没做成的刘胥还是心有不甘，却因手中的军权及行政权都被霍光收走一时难以造反，竟异想天开地欲借助巫蛊力量诅咒昭帝，便找来女巫李女婆。李女婆下神时痛哭流泪地说："汉武帝附在我身上了。"旁边人听她这么说后纷纷跪下，她继续说："我要让刘胥当天子。"刘胥赏给女巫很多钱，并安排她到巫山上祷告。碰巧体弱多病的昭帝驾崩，刘胥以为是李女婆的法力起了效用，很是高兴，杀了牛来酬谢神灵。昭帝死后，朝廷没有选刘胥，却选了昌邑王。这令刘胥非常气愤，他令李女婆继续祷告，诅咒昌邑王。事有凑巧，昌邑王不久便被废黜。刘胥很高兴，又赏赐了女巫很多钱财。刘胥以为这下可轮到自己当皇帝了。可传来的消息却是戾太子刘据的孙子刘询当上了皇帝。刘胥这次可真的气愤不过了，说："凭什么太子的孙子都能当皇帝，而我是武帝的儿子反倒当不上皇帝。"不过，接连几次立为皇帝希望落空，加上宣帝即位后待他不薄，加封了他四个大儿子为列侯，并把小儿子刘弘封为高密王，刘胥很失落地意识到他此生没有成为皇帝的命，便也就不再让李女婆诅咒宣帝了。之后，刘胥的儿子南利侯刘宝因杀人而被夺爵，回到广陵国后，又与刘胥的妃子左修通奸。事发后，刘宝被抓进监狱，依法判为死罪。广陵国国相因此而上书朝廷削夺广陵王在射阳的池塘和草地为贫民纳税，朝廷准奏。这激起了刘胥对朝廷的怨恨，便又让李女婆进行诅咒。不久事情便暴露了。朝廷派官员前去查办此事。刘胥杀人灭口，毒死了女巫李女婴及二十几个宫女。看到前来审讯自己的廷尉和大鸿胪，刘胥知道自己罪孽深重，数定难逃，便说："所犯之罪均为属实，但时间长了，事情又多，请容我回去仔细想想再全部招供。"

刘胥回到显阳殿后，安排了盛大酒宴，叫来王太子刘霸和女儿董訾、胡生，以及宠妾郭昭君等人。在酒宴上，郭昭君等人鼓瑟歌舞，刘胥伴着瑟声唱到：

> 欲久生兮无终，长不乐兮安穷。奉天期兮不得须臾。千里马兮驻待路。黄泉下兮幽深，人生要死，何为苦心。何用为乐心所喜，出入无悰为乐亟。蒿里召兮郭门阅，死不得取代庸，身自逝。

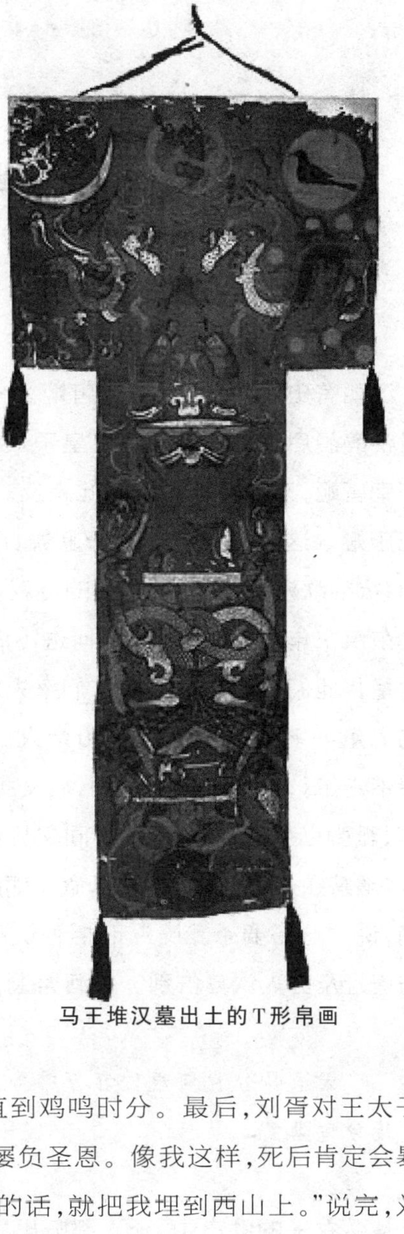

马王堆汉墓出土的T形帛画

左右听了无不欷歔叹息，就这样一直到鸡鸣时分。最后，刘胥对王太子刘霸说："朝廷待我不薄，但我却背叛朝廷，屡负圣恩。像我这样，死后肯定会暴尸于野的。如果朝廷允许把我的尸体收葬的话，就把我埋到西山上。"说完，刘胥便走入房内上吊而死。

朝廷准许了刘霸收葬其父的要求，刘胥最终被葬在了西山上。朝廷赦免了广陵王的几个儿子，将之废为庶人。七年后，元帝又立刘胥的太子刘霸为孝王。

生逢末世　运偏消

——汉少帝与唐姬

汉朝有史可考的，有两个唐姬。一个是汉景帝宠妃程姬的侍女唐姬，在一次景帝醉酒后误加宠幸而生了皇子长沙王刘发。此事后来被孔融调侃为“景帝非醉幸唐姬，无以开中兴”，以此来反对曹操的酒禁。另一个是汉末废帝刘辩的宠妃唐姬。这个唐姬不仅善于歌舞，而且个性刚烈坚贞，还为后世留下了一篇名为《抗袖歌》（或言《起舞歌》）的诗篇。

东汉末年天下大乱，外戚何进不满宦官干预朝政，便想借助西北军阀董卓的力量将他们铲除。不料宦官们率先发动政变，处死何进。其后靠士族豪强袁绍的力量一下子除掉宦官2000余人。而董卓率几千兵马来到京师洛阳后，就赖着不走了。他先赶走了袁绍，后又胁迫何太后废掉当皇帝不到一年的汉少帝刘辩，黜为弘农王。另立刘辩同父异母的兄弟刘协为汉献帝。汉少帝被废掉后，被幽禁在一个阁楼上，董卓命令郎中令李儒送去一杯毒酒，刘辩识破其中的伎俩，说：“这是要杀我呀”，而拒绝饮用。在李儒的再三强迫下，弘农王刘辩请求与唐姬及宫人饮宴告别。在酒席上，弘农王悲伤地唱了起来，其辞曰：

天道易兮我何艰！弃万乘兮退守蕃。逆臣见迫兮命不延，逝将去汝兮适幽玄。

从弘农王的歌声中，众人都听出事情的不妙，为弘农王的不幸人生而伤心落泪。聪慧的唐姬在弘农王的授意下为丈夫跳起了临终前最后一支舞蹈。长长的水袖被高高地抛起又徐徐地落下。伴着凄美婉妙的长袖舞，唐姬悲哀地唱着：

皇天崩兮后土颓，身为帝王兮命夭摧。死生路异兮从此乖，奈我茕独兮心中哀。

待舞毕唱罢，在场的所有人无不感动得泪流满面。弘农王刘辩看着自己的心爱的妃子，诀别说道："卿王者妃，势不复为吏民妻，幸自爱！从此长辞。"说完便将毒酒一饮而尽，死时，年仅十四岁。

弘农王死后，唐姬回到了父亲会稽太守唐瑁的身边。看到女儿如此年轻便守寡，膝下又无一儿半女，父亲唐瑁便打算为女儿另觅一桩姻缘，以使女儿在自己百年后能有所依靠。但父亲的好意被唐姬回绝了，她要用自己的实际行动来兑现与丈夫的生死承诺。后来，董卓的部将李傕攻破长安，抄掠关东，唐姬被李傕的手下掠了去。李傕看到唐姬美丽出众，便想娶她为妻。唐姬坚决不从，为了不使弘农王的亡灵受辱，唐姬自始至终没有说出自己的身份。尚书贾诩知道这件事后，告诉了汉献帝。汉献帝为唐姬的举动所感动，派人将之接进了皇宫，并册封为弘农王妃。

在生命的极端窘迫的境况下，弘农王与唐姬的唱答便尤俱感染力与穿透力。弘农王唱出了末代君主为人所摆弄、命不由己的愤慨与无助，以及生命即将被剥夺的绝望。唐姬则唱出了王纲解纽的末世景象，帝王被人玩弄于股掌间的悲惨，死者的不幸和生者的孤独。一句一句的诗歌都饱蘸了生命的血泪，令人看后有痛心彻骨之感。针对弘农王与唐姬的爱情，唐人李贺作了一首《汉唐姬饮酒歌》感慨唐姬的俊洁高行：

御服沾霜露，金隐秋尘姿，玉堂歌声寝，云阳台上歌，仗剑明秋水，强枭噬母心，相看两相泣，宁用清酒为？不说玉山颓，勉从天帝诉，无处张穗帷，妾身昼团团，蛾眉自觉长，矜持昭阳意，天衢长蓁棘。无人为带饰。芳林烟树隔。鬼哭复何益。凶威屡胁逼。奔厉索人魄。泪下如波激。欲作黄泉客。且无饮中色。天上寡沉厄。如何望松柏？君魂夜寂寂。颈粉谁怜白。不肯看南陌。

汉画像砖《长袖舞》

一代枭雄的诗心绝唱

——曹操的诗歌

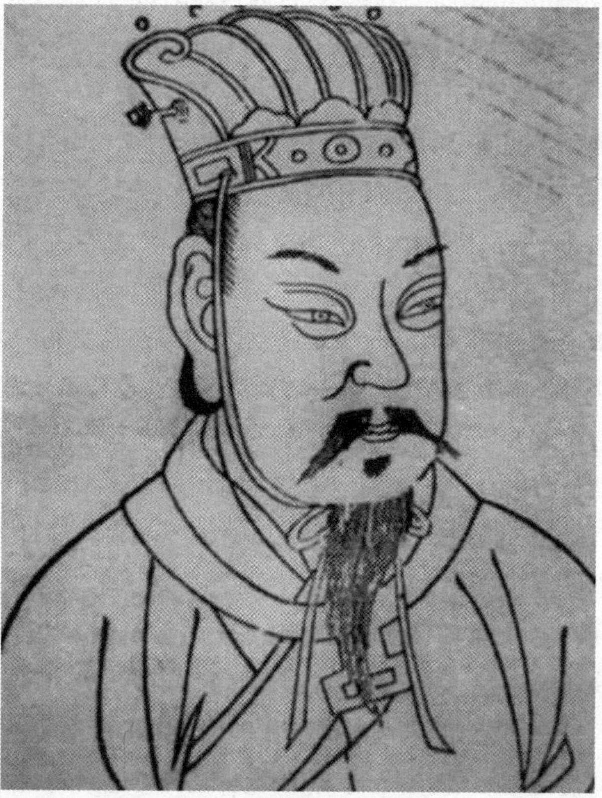

曹操

鲁迅在《魏晋风度及文章与药及酒之关系》一文中说："其实，曹操是很有本事的人，至少是一个英雄，我虽不是曹操一党，但无论如何，总是非常佩服他。"后来毛泽东读到这篇文章的时候，非常赞同鲁迅的看法。毛泽东还很喜欢曹操的诗，尤其喜欢曹操的《短歌行》《观沧海》《龟虽寿》《薤露行》《蒿里行》《苦寒行》《却东西门行》等诗，有些诗歌甚至可以随口诵出。历史上的曹操跟后世戏曲、小说、文人笔下的曹操还是很有些不同的。在历史上，曹操是个直言敢谏、不畏强权而又通脱灵活、志向远大、才华卓越的英雄人物。

曹操出身于东汉末年的大官僚家庭。在度过了放荡不羁的少年时代后,他开始博览群书,遍阅兵法之作,为实现其英雄梦做着准备。曹操为《孙子兵法》十三篇所作的注曾在社会上流传了很长时间。二十岁时,曹操被司马防(司马懿的父亲)举为孝廉,任命为洛阳北部校尉。在任上,他棒杀了违禁夜行的蹇硕的叔父。蹇硕可是皇上最为宠信的宦官,在宦官专权的东汉,曹操此举无异于摆明了与宦官为敌。其后他又上书为陈蕃、窦武雪耻鸣冤,为蒙冤被抓的郡县长官上书陈情。在济南相任上,他铲除鱼肉百姓的贪官污吏,禁止劳民伤财的迷信活动,营造了济南地区安定的局面。曹操的强硬作风招致权要豪强的忌恨,为保家族平安和坚守自己的政治理念、人格操守,曹操托病回乡闲居。其后董卓专权,有意拉拢曹操,曹操拒绝合作,改名换姓,逃亡归乡。而面对董卓胁迫太后、随意废立皇帝、私下处置废帝刘辩、奸淫公主、淫乱后宫、残害大臣、烧杀抢掠百姓的种种恶行,曹操散家财、募义兵,在陈留、襄邑一带集合了五千人,决定举兵讨伐董卓。此时,讨伐董卓的力量最强大的是以袁绍为盟主,以袁氏家族门生故吏的各地郡守为盟员的同盟军。在董卓在长安立脚未稳、倒行逆施不得人心的情况下,曹操邀袁绍一起进攻消灭董卓。袁绍惧怕董卓兵强马壮而拒绝了曹操,曹操便独自引兵西去攻打长安。在荥阳汴水遭遇董卓部将徐荣。因兵力悬殊,曹操惨败。带着箭伤的曹操再次招募起三千左右的人马,打算继续对抗董卓的力量。而此时以袁绍为首的同盟军,虽打着征讨袁绍的旗号,实际都各有各的算盘,谁也不想让自己的兵马打头阵。盟军内部随后又出现内讧,彼此间互相争夺地盘和权力。袁绍则主张另立皇帝,实际意图代汉自立。同盟军这样的姿态,让力量孤弱的曹操眼睁睁地看着一次次消灭董卓的大好机会白白丧失掉,曹操心急如焚,但也只好休养生息以等待时机。这番经历被曹操写进了诗歌,便是著名的《蒿里行》。明代钟惺评价这首诗说:"汉末实录,真诗史也。"其诗曰:

关东有义士,兴兵讨群凶。初期会盟津,乃心在咸阳。军合力不齐,踌躇而雁行。势利使人争,嗣还自相戕。淮南弟称号,刻玺于北方。铠甲生虮虱,万姓以死亡。白骨露于野,千里无鸡鸣。生民百遗一,念之断人肠。

为了安定天下，实现理想抱负，从203年至217年的14年里，曹操曾发布四道求贤令广求人才。一再强调选拔人才不论出身、不求全责备、量才录用、唯才是举，并要求部下积极荐举人才，传扬他的人才思想。在曹操的广泛搜罗下，其帐下出现了郭嘉、陈琳、赵俨、司马懿、华歆、钟繇等杰出人士。为招揽人才，曹操气度宽宏、不计前嫌。陈琳在袁绍幕中时，曾应袁绍之命写了一篇讨伐曹操的檄文，骂曹操是"赘阉遗丑"。打败袁绍后，曹操并未计较此事，反而任命陈琳为军谋祭酒，负责文书工作。曹操攻打宛城时，张绣投降后又突然反戈一击，使曹操遭受重创。其长子曹昂与侄子曹安民都死于此战中，亲兵都尉典韦战死，曹操自己也受重伤。然而在官渡之战中，曹操又派人招纳张绣，并封之为列侯，后又让自己的儿子娶了张绣的女儿，结为儿女亲家。这种对人才的渴求在其《短歌行》中有集中而鲜明的表露：

对酒当歌，人生几何！譬如朝露，去日苦多。慨当以慷，忧思难忘。何以解忧？唯有杜康。青青子衿，悠悠我心。但为君故，沉吟至今。呦呦鹿鸣，食野之苹。我有嘉宾，鼓瑟吹笙。明明如月，何时可掇？忧从中来，不可断绝。越陌度阡，枉用相存。契阔谈讌，心念旧恩。月明星稀，乌鹊南飞。绕树三匝，何枝可依？山不厌高，海不厌深。周公吐哺，天下归心。

53岁时，曹操出兵塞外，在乌桓战役中大获全胜，此时距其起兵已有十多年时间。在这十多年中，曹操收服张绣，消灭吕布、袁术、袁绍等军事集团，除辽东、关陇地区外，曹操基本平定北方。为奖励功臣，曹操封赏二十多位功勋卓著的将士为列侯，并免除死难将士后代的徭役，把自己封地的租赋分给军官和入伍较早的士兵。此时，年逾知天命的曹操面对胜利雄心勃勃，意图一统天下。这样的雄心壮志在其《步出夏门行·龟虽寿》中表达得淋漓尽致，其诗曰：

神龟虽寿，犹有竟时。腾蛇乘雾，终为土灰。老骥伏枥，志在千里。烈士暮年，壮心不已。盈缩之期，不但在天；养怡之福，可得永年。幸甚至哉，歌以咏志。

据《世说新语》记载，晋人王敦每次酒后就喜欢以如意敲击着唾壶吟咏"老骥伏枥，志在千里。烈士暮年，壮心不已”四句诗，以致壶口都被敲坏了。

曹操诗文兼擅，尤为擅长四言诗。清人沈德潜在其《古诗源》中说：“曹公四言，于三百篇外，自开奇响。”这是说曹操的四言诗是继《诗经》之后最优秀的四言诗。他的诗歌风格直率、慷慨、悲凉，南朝梁人钟嵘说：“曹公古直，甚有悲凉之句。”(《诗品》卷下)宋人敖陶孙说：“魏武帝如幽燕老将，气韵沉雄。”(《诗评》)曹诗虽然悲凉，但悲凉中透着一股英雄之气，悲而不哀，悲而能壮，自有一种崇高之美在其中。

在晋人陈寿的《三国志》中，曹操尚能得到公允的评价。到了南朝裴松之为《三国志》作的注中，曹操奸诈、残忍、多疑、杀戮的个性渐渐被渲染出来。而愈到后世，曹操的邪恶便愈多起来，以致成了戏曲里符号化了的白脸曹公。

才高八斗　运途偃蹇

——曹植的命运与诗歌

仁厚聪慧的曹冲十三岁便韶华早折，痛失爱子的曹操悲痛地对众多儿子们说："你们弟弟的死，是为父我的不幸，是你们的大幸啊！"如果不是曹冲早夭，也许就不会有曹氏子弟骨肉相残的局面。曹操另一个非常有艺术才华的儿子是曹植。曹植尚在几岁的时候，已学会了骑马射箭，十几岁便能脱口成章。南朝宋诗人谢灵运极为钦佩曹植的才华，曾说："天下才有一石，曹子建（曹植）独占八斗，我得一斗，天下共分一斗。"谢灵运的这句评价也就成了后世"才高八斗"一词的由来。可以证明曹植文思敏捷、才华丰赡的例子，在其一生中数不胜数。曹操喜爱音乐，特地修建了铜雀台。台成后，曹操命令诸子加以歌颂。曹植得命后，当即作出一篇《铜雀台赋》予以赞美。曹丕也不甘示弱作了一篇《登台赋》，但在文采、情蕴、才情方面都略逊曹植一筹。此事令曹操对曹植大为好感，并萌生了立曹植为继承人的想法。再如曹丕继位后，对曹植一直视为眼中钉，一心要铲除他。一次曹丕听到有人诬告曹植时便趁机下令要处死曹植，同时他又想彰显自己还是个重情义的人，便命令曹植在七步之内作出一首诗，否则便处死曹植。没想到曹植果真在七步之内做出了一首诗，这便是千古传唱的《七步诗》：

煮豆燃豆萁，豆在釜中泣。本是同根生，相煎何太急。

这首诗虽然文意浅显，辞藻也并不优美，却内蕴深厚，委婉表达了自己的无助与对兄弟情分的珍惜。据说曹丕在听到这首诗后有所感动，加上其母后卞氏的干预，曹丕在无奈之下放过了曹植。曹植除了长于诗文赋的创作外，还非常富有音乐才华，中国最早的佛教音乐"鱼山呗"便是由曹植创制的。

曹操既有立曹植为继承人的想法，便着意培养曹植的政治才干，帮助曹植组建起政治集团。建安十九年，曹操南征时便将曹植留守邺城，并以自己的经历教育曹植，激励其奋发努力。按汉朝惯例，皇帝外出征战时，一般留太子驻守京师。由此可见曹操立植为嗣的心思。曹操这种心思在当时几乎是人人皆晓的秘密。在父亲的宠爱下，此时的曹植意气风发、情绪高涨，积极进取，能够反映曹植此时精神风貌的是他的著名诗歌《白马篇》：

白马饰金羁，连翩西北驰。借问谁家子，幽并游侠儿。少小去乡邑，扬声沙漠垂。宿昔秉良弓，楛矢何参差。控弦破左的，右发摧月支。仰手接飞猱，俯身散马蹄。狡捷过猴猿，勇剽若豹螭。边城多警急，胡虏数迁移。羽檄从北来，厉马登高堤。长驱蹈匈奴，左顾陵鲜卑。弃身锋刃端，性命安可怀？父母且不顾，何言子与妻！名编壮士籍，不得中顾私。捐躯赴国难，视死忽如归！

在文学上，曹植有过人才华，远超曹丕。而在玩转政治、搞权术阴谋上，曹植远不是曹丕的对手。一次曹操打算派曹植支援曹仁攻打关羽，以给曹植捞得政治资本的机会。不想事情被曹丕先打听到，便硬拉着曹植去喝酒，在一再苦劝下，曹植喝得酩酊大醉，无法承接军令，让曹操大为恼怒。加上之前曹植酒醉后驰骋御道等任性胡为的事件，终于使曹操下定决心立曹丕为继承人。在曹操面前，曹植的亲密知己丁仪、丁廙兄弟每每赞美曹植，规劝曹操早日立曹植为继承人。曹操临死前诸子均不在跟前，便几次三番地下令召见曹彰。曹彰勇武有力，跟随曹操南征北战立下汗马功劳，而曹彰跟曹植的关系非常亲密。曹操先前已立曹丕为继承人，曹彰便以为曹操临死前想改主意立曹植为嗣，召见他是要让他去主持这件事情。而在曹彰到之前，曹操便已咽气。事后曹彰私下里把自己当时的这种猜测还告诉了曹植。曹丕继位后，对当年曾阻碍其继位的人毫不留情地下手。丁仪、丁廙兄弟被曹丕随便找了个理由便处死了，等于砍掉了曹植的左膀右臂，同时也是对曹植的警告。曹植在封地听说丁氏二兄弟被杀的事情后，非常悲痛，写下了《野田黄雀行》一诗表达自己的愤慨：

高树多悲风，海水扬其波。利剑不在掌，结友何须多？不见篱间雀，见鹞自投罗？罗家得雀喜，少年见雀悲。拔剑捎罗网，黄雀得飞飞。飞飞摩苍天，来下谢少年。

对当年兄弟相争的顾忌，曹丕继位后对同族兄弟严加防范：规定他们不可留在京师，一律到各自封国内生活；废除朝会制度，永远杜绝诸侯王进京的可能；诸侯王之间也不可私自往来，甚至回封国的路上也不可同行同宿，并派出所谓的监国使者密切关注各诸侯王的举动。诸侯王们名义上贵为侯王，实际等同囚徒。黄初四年，曹丕诏令曹植、曹彰、曹彪等人入京，入京后健壮彪悍的曹彰在邸舍中不明不白地突然死去。后人传说曹彰是为曹丕所害，是曹丕报复其当年意图拥立曹植所为。对其他人，曹丕仅在承明庐内接见了他们。承明庐是曹魏时期承明门旁供值班人员居住的小房子。而承明门是通向曹丕平日接见大臣们的建始殿的大门。可见，曹丕对兄弟们是何等的提防与忌恨。之后，曹植与曹彪便回封国，因二人居地同属当时兖州东郡，本欲一道东归，但被相关官员所禁止，此事令曹植大为愤慨，写下了著名的《赠白马王彪》，其诗曰：

序曰：黄初四年五月，白马王、任城王与余俱朝京师，会节气。到洛阳，任城王薨。至七月与白马王还国。后有司以二王归藩，道路宜异宿止。意毒恨之。盖以大别在数日，是用自剖，与王辞焉。愤而成篇。

其一

谒帝承明庐，逝将归旧疆。清晨发皇邑，日夕过首阳。伊洛广且深，欲济川无梁。泛舟越洪涛，怨彼东路长。顾瞻恋城阙，引领情内伤。

其二

太谷何寥廓，山树郁苍苍。霖雨泥我涂，流潦浩纵横。中逵绝无轨，改辙登高冈。修坂造云日，我马玄以黄。

其三

玄黄犹能进，我思郁以纡。郁纡将何念？亲爱在离居。本图相与偕，中更不克俱。鸱枭鸣衡轭，豺狼当路衢。苍蝇间白黑，谗巧令亲疏。欲还绝无蹊，揽辔止踟蹰。

其四

踟蹰亦何留？相思无终极。秋风发微凉，寒蝉鸣我侧。原野何萧条，白日忽西匿。归鸟赴乔林，翩翩厉羽翼。孤兽走索群，衔草不遑食。感物伤我怀，抚心常太息。

其五

太息将何为？天命与我违。奈何念同生，一往形不归。孤魂翔故域，灵柩寄京师。存者忽复过，亡没身自衰。人生处一世，去若朝露晞。年在桑榆间，影响不能追。自顾非金石，咄唶令心悲。

其六

心悲动我神，弃置莫复陈。丈夫志四海，万里犹比邻。恩爱苟不亏，在远分日亲。何必同衾帱，然后展殷勤。忧思成疾疢，无乃儿女仁。仓卒骨肉情，能不怀苦辛？

其七

苦辛何虑思？天命信可疑。虚无求列仙，松子久吾欺。变故在斯须，百年谁能持？离别永无会，执手将何时？王其爱玉体，俱享黄发期。收泪即长路，援笔从此辞。

从曹丕成帝后，曹植便一直受到压制、禁锢、迫害，直到四十一岁去世，曹植都没得到施展才华的机会，抑郁终天，直到离开人世，故而曹植谥号为“思”，后人称之为陈思王。

士人诗歌

汉魏时期涌现了无数人才。一时俊彦,不胜枚举。武有李广、卫青、霍去病、班超、关羽等人,文有司马相如、扬雄、王粲等人,智慧巧思者如张衡、蔡伦等,高洁隐逸者如井丹、梁鸿、韩康等。当然,其中也有少数欺世盗名、阴险毒辣之辈。这些士人或在朝堂,或处林下,其中很多人都赋诗言志。这些诗作大都反映个人的人生遭际,有些深刻者也会对乱世中黎民的苦难有所表现。他们命运的结局或成或败,这与他们诗歌中反映出的个性、气质往往关系密切,不由使人想到那句话:“穷通皆有定,盛衰岂无凭?”读这些古人的沉浮往事,对我们今人如何加强自身修养,完善人格不无裨益。

忠贞韦氏家族其一

——韦孟的《讽谏诗》《在邹诗》

韦孟，秦末汉初彭城人，曾做过楚元王刘交、夷王刘郢客及其子刘戊祖孙三代的太傅。韦孟远祖可追溯到大彭氏16代孙元哲，元哲在夏朝为诸侯，被封于豕韦，其后子孙便以国为姓。豕韦国是夏朝三大诸侯国之一。商汤灭夏，韦城故国被灭。之后韦氏子孙在渭河平原上重新建国并最后迁回韦城故地，而武丁再次将其灭掉，改封刘累（传说中的御龙能手）后裔去统治豕韦国。在武王伐纣的过程中，韦姓子孙参与其中，并以军功得以封国，继续称作豕韦国。周赧王时，周王怂恿鲁国兼并了豕韦国。韦氏衰落，直到刘邦起兵抗秦，平定天下。韦氏后人韦孟以其渊博的学识被聘为楚元王刘交的太傅。韦孟在其给刘戊的《讽谏诗》中，也曾简单追溯了自己的家族兴衰，不过韦孟所述与史实有些出入，在韦孟的追溯里，豕韦国遭打击而衰落是在周武王时期，是周武王听信谗言后将豕韦国灭掉的。

楚元王刘交是刘邦最小的弟弟，喜好读书，曾随鲁国著名儒者浮丘伯学习《诗经》《尚书》。又喜结交贤能之士，年少时曾与鲁国的穆生、白生、申公相交好。刘邦打天下时，刘交多次跟随左右，深得刘邦信任和喜爱。高祖六年（公元前201年），楚王韩信被废后，刘邦将楚国一分为二，并将其中一部分分给了刘交，并赐予楚王的封号。刘交成为楚王后，拜申公等三人为中大夫。刘邦又选派韦孟作了楚元王刘交的太傅。刘交死后，其子郢客继位，韦孟继续为太傅。郢客为人恭谨谦虚，勤政爱民，可惜寿命不长，不久便离世了。刘戊继父位为楚王。刘戊与其祖父、父亲截然不同，为人怠慢无礼、骄奢淫逸，整日飞鹰走犬，不理政事，巧取豪夺，抢掠民脂民膏。在薄太后葬礼期间，刘戊不思哀痛，荒淫享乐，按汉律应予以弃市。景帝仁慈，仅削掉薛郡、东海二地以示惩罚。这反而促使其联合吴国发动了历史上有名的“吴楚七国之乱”。在谋反之前，申公、白生念及先王恩德，对其好言相劝，却被罚为囚犯，穿着犯人的衣服在街上舂米。其叔父刘富劝诫他不要造反，刘戊丝毫不听，甚至扬言起兵成功后第一个就杀掉叔父刘富。吓得刘富带着老母连夜逃到京城。刘戊的国相张尚和太傅赵夷吾也去对之进行劝阻。一心造反、近于疯狂的刘戊已经听不进任何良言真话，将二人处死。身为三朝太傅的韦孟看到刘戊一意孤行，一步步向深渊走去，他心急如焚，便写了长达108句的四言《讽谏诗》予以劝阻。在诗中，韦孟追溯自己的家族兴衰，意在现身说法告诫刘戊如果不谨慎行事，就无法继承祖宗基业。之后历数楚元王、夷王的美好德行，以此激励刘戊以父辈为榜样，奋发图强。接着毫不避讳地直言批评刘戊的种种恶迹，又婉言相劝并以秦缪公知错善改相砥砺，希望刘戊能迷途知返、弃旧从新。无奈刘戊毫不理会。韦孟便辞职，举家迁到邹县。

在邹县，韦孟深深体会到孔孟礼仪之乡的文化氛围，并深深沉浸于其中，日子过得倒也其乐融融。只是他一直无法感怀皇恩浩荡，忘不了作为太傅的职业道德和社会责任，一想到楚王刘戊荒淫无度，甚至以身试法、密谋叛逆的事时，便禁不住老泪纵横。甚至在梦中，韦孟都梦到在朝堂上力谏刘戊，而最终刘戊接受了自己的劝谏，改过自新。韦孟的拳拳之心借着诗歌《在邹诗》表现了出来。其诗曰：

微微小子，既耇且陋。岂不牵位，秽我王朝。王朝肃清，惟俊之庭。顾瞻余躬，惧秽此征。我之退征，请于天子。天子我恤，矜我发齿。赫赫天子，明哲且仁。县车之义，以洎小臣。嗟我小子，岂不怀土。庶我王寤，越迁于鲁。既去祢祖，惟怀惟顾。祈祈我徒，戴负盈路。爰戾于邹，鬋茅作堂。我徒我环，筑室于墙，我既迁逝。心存我旧，梦我渎上。立于王朝，其梦如何？梦争王室，其争如何？梦王我弼，寤其外邦。叹其喟然，念我祖考。泣涕其涟，微微老夫。咨既迁绝，洋洋仲尼，视我遗烈。济济邹鲁，礼义唯恭。诵习弦歌，于异他邦。我虽鄙耇，心其好而。我徒侃而，乐亦在而。

韦孟流传下来的诗歌就只有《讽谏诗》与《在邹诗》两首四言诗。两首诗歌的倾诉对象都是楚王刘戊，或直言批评，或婉言导引，都意在引导刘戊走向正途。在殷切的劝谏中，一个忠贞耿直的老臣形象跃然纸上。韦孟的《讽谏诗》是汉代四言诗的开山之作，它不同于汉代其他四言诗记述、歌颂的模式，主要体现出的是《诗经》变雅的讽谏传统，深得《诗经》的精髓。他被人称为“四言长篇之祖”（梅鼎祚《汉魏诗乘》引《诗家直说》）。

刘戊不肯听任何人的劝谏，举兵造反，最终被周亚夫所败，被迫自杀。刘戊的后人便由此而一直备受排挤和猜忌，其孙女以解忧公主的身份送到乌孙和亲，直到年近七十方才回到中原。

附：

肃肃我祖，国自豕韦。黼衣朱绂，四牡龙旂。彤弓斯征，抚宁遐荒。总齐群邦，以翼大商。迭彼大彭，勋绩惟光。至于有周，历世会同。王赧听谮，寔绝我邦。我邦既绝，厥政斯逸。赏罚之行，非繇王室。庶尹群后，靡扶靡卫。五服崩离，宗周以队。我祖斯微，迁于彭城。在予小子，勤诶厥生。厄此嫚秦，耒耜以耕。悠悠嫚秦，上天不宁。乃眷南顾，授汉于京。于赫有汉，四方是征。靡适不怀，万国攸平。乃命厥弟，建侯于楚。俾我小臣，惟傅是辅。矜矜元王，恭俭净壹。惠此黎民，纳彼辅弼。乡国渐世，垂烈于后。乃及夷王，克奉厥绪。咨命不永，惟王统祀。左右陪臣，此惟皇士。如何我王，不思守保。不惟履冰，以继祖考。邦事是废，逸游是娱。犬马繇繇，是放是驱。务彼鸟兽，忽此稼苗。烝民以匮，我王以媮。所弘非德，所亲非俊。唯囿是恢，唯谀是信。睮睮谄夫，咢咢黄发。如何我王，曾不是察。既藐下臣，追欲从逸。嫚彼显祖，轻兹削黜。嗟嗟我王，汉之睦亲。曾不夙夜，以休令闻。穆穆天子，临尔下土。明明群司，执宪靡顾。正遐繇近，殆其怙兹。嗟嗟我王，曷不此思？非思非鉴，嗣其罔则。弥弥其逸，岌岌其国。致冰匪霜，致队靡嫚。瞻惟我王，昔靡不练。兴国救颠，孰违悔过？追思黄发，秦缪以霸。岁月其徂，年其逮耇。于昔君子，庶显于后。我王如何，曾不斯览。黄发不近，胡不时监！

——《讽谏诗》

忠贞的韦氏家族其二

——韦玄成的《自劾诗》《诫子孙诗》

韦贤振兴韦氏家族后，经韦弘、韦玄成、韦宽等子孙的不懈努力，韦贤之后的子孙官至二千石的有十几人，韦氏成为汉代一大望族。围绕韦贤形成了平陵韦氏或称右扶风韦氏，而围绕韦玄成则形成了杜陵韦氏。韦氏家族的壮大，是跟韦氏人好学、恭谨、向上进取的精神脱不开关系的。

韦玄成天资聪颖，幼时随其父亲学习经学，精通诗书。为人平易谦和，虽身为高官之子，但遇到贤能之士，不论出身贵贱，韦玄成都以礼相待，因此而赢得很高声誉。汉宣帝选拔官吏时，韦玄成以明经对策被拜为谏议大夫，后提拔为大河都尉。韦贤的四个儿子中，长子韦方山早亡，韦贤有意要将爵位传给次子韦弘。韦弘当时担任的是太常丞，主要负责宗庙祭祀活动，事务繁杂且易出错。韦贤早就担心韦弘会因失职得罪致使爵位不保，劝其辞官，但韦弘不听。其后，韦弘果然因失职被捕入狱，此时韦贤又病重，危在旦夕，家人问韦贤立谁为嗣时，韦贤因生韦弘之气不肯作声。家人、门客便商定让韦玄成继承爵位，并假托韦贤的名义上书朝廷。在外做官的韦玄成听说自己继承爵位后，知道原本不是父亲的本意，又加之二兄被关押在狱中。韦玄成便佯狂装疯，胡言乱语，甚至大小便都在床上解决，不应朝廷诏令，希望让出爵位，救出二兄韦弘。宣帝体恤韦玄成的良苦用心，十分欣赏他的所作所为，亲自召见韦玄成，命其继承爵位，并任命他为河南太守，后升任未央宫卫尉，继而又升任为太常；同时任命其兄韦弘为太山都尉，后升任为东海太守。

韦玄成继承爵位后，因与平通侯杨恽交好，后杨恽犯法当死，受其牵连，韦玄成被免官。虽然被免了官，但爵位还在，还要参加宗庙祭祀。一次在祭祀孝惠庙时，因下大雨而道路泥泞，韦玄成便由乘车换为骑马前去参加祭祀。因此举不合礼制，遭到有关官员的弹劾，韦玄成被贬为关内侯，关内侯几乎是侯爵中最低等的爵位。为此韦玄成非常懊悔，因为自己的过失而导致祖上传下来的爵位被贬黜，因此作了一首《自劾诗》自我反省。诗歌共分五章，依次追溯祖先事业，述说韦孟、韦贤的成就，将自己与兄长对比，表示以自己的无能继承爵位实在为心有愧，对失去爵位深感懊悔。其诗曰：

赫矣我祖，侯于豕韦。赐命建伯，有殷以绥。厥绩既昭，车服有常。朝宗商邑，四牡翔翔。德之令显，庆流于商。宗周至汉，群后历世。肃肃楚傅，傅翼元夷。厥驷有庸，惟慎惟祇。嗣王孔佚，越迁于邹。五世圹僚，至我节侯。惟我节侯，显德遐闻。左右昭宣，五品以训。既耉致位，惟懿惟奂。厥赐祁祁，百金洎馆。国彼扶阳，在京之东。惟帝是留，政谋是从。绎绎六辔，是列是理。威仪济济，朝享天子。天子穆穆，是宗是师。四方遐尔，观国之辉。茅土之继，在我俊兄。惟我俊兄，是让是形。于休厥德，于赫有声。致我小子，越留于京。惟我小子，不肃会同。媠彼车服，黜此附庸。赫赫显爵，自我队之。微微附庸，自我招之。谁能忍媿，寄之我颜。谁将遐征，从之夷蛮。于赫三事，匪俊匪作。于蔑小子，终焉其度。谁谓华高，企其齐而。谁谓德难，历其庶而。嗟我小子，于贰其尤。队彼令声，申此择辞。四方群后，我监我视。威仪车服，唯肃是履。

元帝继位后，任命韦玄成为少傅，后升任为太子少傅、御史大夫，后接替于定国为丞相，并最终恢复了扶阳侯的爵位，荣耀至极。感慨历经十年贬黜，终于可以重新光耀门庭了。韦玄成写了一首《诫子孙诗》，述说因自己才能不佳导致祖上爵位被贬黜，最后皇帝开恩，恢复原爵，重新得到爵位后，内心里充满了珍惜与戒惧之情，希望后世子孙牢记家业来之不易，忠心辅佐汉室。其诗曰：

于肃君子，既令厥德，仪服此恭，棣棣其则。咨余小子，既德靡逮，曾是车服，荒嫚以队。明明天子，俊德烈烈，不遂我遗，恤我九列。我既兹恤，惟夙惟夜，畏忌是申，供事靡惰。天子我监，登我三事，顾我伤队，爵复我旧。我既此登，望我旧阶，先后兹度，涟涟孔怀。司直御事，我熙我盛，群公百僚，我嘉我庆。于异卿士，非同我心，三事惟艰，莫我肯矜。赫赫三事，力虽此毕，非我所度，退其罔日。昔我之队，畏不此居。今我度兹，戚戚其惧。嗟我后人，命其靡常，靖享尔位，瞻仰靡荒。慎尔会同,戒尔车服。无惰尔仪,以保尔域。尔无我视,不慎不整;我之此复,惟禄之幸。于戏后人,惟肃惟栗。无忝显祖．以蕃汉室!

庙堂可避世　何必隐深山

——东方朔的朝隐思想

东方朔

今天，我们从史书中读到的东方朔似乎有两个形象。一个是狂放不羁、滑稽搞笑的东方朔。他不羁到可以一年换一个老婆，喝醉酒后在宫殿上小便。这样的东方朔，看起来不过是一个宫廷弄臣。然而，这些都不过是表象而已，隐藏在这些行为背后的是一个思想深邃、坚持原则的奇人东方朔。

汉武帝的姑姑馆陶公主宠幸一个名叫董偃的家臣。汉武帝与他声色犬马，相处甚欢。一次，汉武帝要把董偃领入宣室（皇帝的正殿）中，却被正在当守卫的东方朔拦住了。东方朔进谏汉武帝，说董偃有三宗罪，不可入宣室。第一宗罪，以人臣私侍公主；第二宗罪，败乱婚姻礼俗，有伤风化；第三宗罪，其实也是最重要的，就是董偃不劝导皇帝干正事，反而引诱皇帝纵情声色，淫靡奢侈，所谓“近朱者赤，近墨者黑”。东方朔的这番言论，不但表现出了他平日刻意隐藏起来的正直的一面，也体现了他的智慧与远见。

有一次，皇帝问东方朔有什么办法来教化民众，东方朔举出汉文帝躬行节俭，为天下表率的事儿，同时，批评汉文帝的骄奢淫逸。他认为天子应当为万民的榜样，这样，万民自然效仿，自然就实现尧舜那样的治世。

这样的东方朔可谓智勇双全，却为什么在汉武帝的宫廷生活中只能扮演一个区区弄臣的角色呢？这一点，东方朔在其《答客难》中给出了明确的答案：

春秋战国之时，诸侯相互攻伐。在那个弱肉强食的时代，得到人才国家就会强大，失去人才国家就会灭亡。为了生存，国君不得不约束自己对于财货、奉承、女人的欲求，而励精图治，倚重、重视人才。当今之世，天下太平，皇帝不用殚精竭虑招揽人才，这样，人才或非人才自然就没有什么区别了。这一议论可谓精辟，一针见血，对当时形势的分析可谓深刻。

对现实有了清醒的认识后，东方朔采取了朝隐的人生之路。他曾总结自己的人生经验，教给在朝廷为官的儿子避祸全身之法，其言：

> 首阳为拙，柱下为工；饱食安步，以仕易农；依隐玩世，诡时不逢。

伯夷叔齐拒不食周粟，逃入深山中做隐士，最后被饿死。老子在周朝当柱下史，却能全身避害。在保全生命上，二者孰优孰劣便可一眼见分晓。东方朔不仅以这样的思想私下教导儿子，在公开场合，放荡不羁的东方朔也毫不避讳地大声唱了出来，其歌曰：

> 陆沉于俗，避世金马门。宫殿中可以避世全身，何必深山之中蒿庐之下。

古人避世全身多取山林归隐的方式，躲入深山老林，穴居洞处，条件非常艰苦。淮南王刘安有一篇骚体赋《招隐士》，就把汉代时期山林隐逸之士的艰苦之状描摹得淋漓尽致。东方朔压根瞧不上这种隐逸行为，他提出了另一种隐逸方式“避世金马门”，在朝中为官也可全身免害，即所谓的“朝隐”。“朝隐”一词最早是由杨雄提出的。此种思想在后世经白居易的发扬光大，成为众多既想仕宦于朝廷，又想保全独立人格和个体生命者的行动指南。东方朔以自己一生的仕宦经历为后人树立一个成功的范例。

东方朔用自己的人生将做官与隐逸这本相矛盾的两者糅合在了一起，既能实现自己的社会责任，又能在杀戮成性的汉武帝朝中全身保命。汉武帝是一代雄主，他既能不拘一格重用人才，同时杀戮人才也毫不留情。公孙弘因既有政治才干同时又善于周旋，在丞相位上得以善终，但之后三位丞相都被汉武帝毫不留情地杀掉，以致公孙贺听说自己被任命为丞相时吓得流泪痛哭，磕头恳请辞去丞相，武帝不允许，迫不得已当上了丞相，其后结局果然不好，最终以灭族收场。东方朔生性滑稽，在正史中记载下来的事迹大都充满故事性，故而后人多以小说杂谈附会到东方朔的身上，以致在后世文学中，东方朔由凡人变成了仙人。这些故事主要存在于《世说新语》《东方朔别传》《汉武故事》《汉武帝内传》《洞冥记》《殷芸小说》《偷桃捉住东方朔》等之中。

明·吴伟《东方朔偷桃图》

命运的玩笑

——李陵的《别歌》

李广、李敢、李陵一门三代皆勇武善射，然而命数不佳。文帝曾感叹李广若生在高祖时必定能以军功封得万户侯。武帝时代一变文、景二帝时的对外政策，开始武力讨伐匈奴。然而令匈奴人十分敬畏的飞将军李广却从未封侯，甚至在最后一次战役中因迷路延误军机而被迫自杀。李广之子李敢倒是因跟随霍去病讨伐匈奴有功得以封侯，但因父亲的自杀一直对卫青耿耿于怀，便寻机击伤卫青。随后，李敢受到卫青的外甥霍去病的报复，在上林苑陪武帝射猎时被其射死。李陵是李广之子李当户的儿子，为人谦逊仁爱，善于骑射，颇有李广当年的风范。

李陵曾率八百骑兵深入匈奴二百里，探查地形，因此而被拜为骑都尉，受命在酒泉、张掖一带练兵抵御匈奴人。天汉二年（公元前99年），武帝决定派贰师将军李广利带军再次攻打匈奴，让李陵负责运送军械、粮草等物资。恃才自傲的李陵对安排自己去做后勤不甚满意，便主动请缨要独当一面，在李广利的大军外，率小部分人马从侧路吸引匈奴兵力。武帝起初不肯，便以没有骑兵为由加以推脱。李陵竟对武帝说，没有骑兵，步兵也可以，只需五千人便可直捣单于老穴。武帝见李陵话说得这么有信心、有气势，便有意要看看李陵到底有多大能耐，遂答应了李陵的请求，并派强弩都尉路博德作为李陵的接应，路博德曾因讨伐南越有功，被封为伏波将军，不乐意给李陵当副手，便上书要求推延军期。武帝认定是李陵为自己的大话后悔了，便借路博德之口给自己找台阶下。武帝很生气，反而催促李陵尽快出军，而对路博德却没有很好地命令其做好后援。所以，一开始李陵便是在误会和后援不力的情况下，孤军深入匈奴地盘。

李陵率五千步兵从居延（今甘肃酒泉境内）出关，走了三十余天到达浚稽山，并将沿路地形绘制成图送回朝廷。在浚稽山下安营扎寨后不久，李陵便遭三万多匈奴骑兵的围攻，单于见李陵军队战斗力强大，便又加派了八万骑兵。

李陵见势不妙便边打边撤，凭借五千步兵，射杀匈奴近万人。弓箭射尽后，兵士们便拿车轮的撑子当武器与匈奴人肉搏血战。直到最后被匈奴人围困在离汉朝边境100多里的山谷中。在李陵撤退到南山（时为阿尔泰山的一部分）时，单于曾两次想罢兵。一次是见李陵军队如此精良，害怕是汉军诱敌深入的圈套，便想罢战，但被匈奴其他将领以打不过这么点汉人会被汉军笑话为由劝阻了。一次是在匈奴强攻不下，真正要撤兵的时候，李陵军中的叛徒管敢跑去告密，说李陵是孤军深入，没有后援，现在已经到了箭尽粮绝的地步。单于听到这样的消息后，大喜过望，于是对李陵发动更为猛烈的进攻。在弓矢耗尽、走投无路的情况下，李陵曾有过自杀的念头，其部下以同时期的浞野侯赵破奴被匈奴俘虏后又逃归汉朝的例子予以劝阻了。他让剩下的将士们化整为零，四散而逃，最后能逃回到边塞上来的士兵只有400多人。在逃亡中，得力助手韩延年战死，此时的李陵彻底崩溃，宣布投降。这场战役以绝对少数对抗绝对多数，却打得惊天动地，异常悲壮，可以说李陵虽败犹荣。

武帝听到李陵战败投降的消息后非常生气，朝中大臣惮于龙威无一人敢替李陵说句好话，只有司马迁是个例外。司马迁与李陵并无多少交情，但敬重李陵的为人和才华。他在汉武帝面前分析了李陵的个性、为人、才华，充分肯定李陵虽然战败但杀敌无数，军功赫赫，并斥责了朝廷官员见风使舵，不肯主持正义的嘴脸。武帝听了更加生气，将司马迁抓捕入狱。第二年，武帝似乎对李陵这件事有所后悔，下令封赏李陵逃回来的部下，并命令公孙敖前去匈奴迎接李陵。公孙敖却从捕得的俘虏口中得知，李陵已经全力效忠于匈奴了，正在为匈奴练兵，以准备与汉军对决。而事后方知给匈奴训练军队的不是李陵，而是一个叫李绪的汉军降将。武帝听说后大怒，下令斩杀李陵的母亲、妻子、儿女及弟弟全家，并把尚关在狱中的司马迁施以腐刑。李陵知道此事后，派人杀掉了李绪。因为这事，李陵险些被单于之母大阏氏杀掉，不过单于倒是很欣赏李陵的勇气，将女儿嫁给了他。

在李陵出兵浚稽山的前一年，苏武奉命出使匈奴，不幸卷入匈奴上层内讧中，被羁留在匈奴19年。期间单于曾派卫律、李陵前去劝降，苏武凛然拒绝，最后被发配到西伯利亚牧羊。在冰天雪地里，苏武吃毡毛，饮雪水，不改忠于大汉之心。苏武杖汉节牧羊从此成为佳话。汉昭帝派使者接回了苏武。回到汉朝时，当年那个满头乌发的苏武已成了白发苍苍的老者。汉朝仅拜其为典属国的职位。其后，宣帝继位，方才因苏武曾拥立其为皇帝有功而封关内侯，成为宣帝麒麟阁上的十一功臣之一。昭帝时，曾派任立政去匈奴召回李陵，但妻儿老小一家被杀的结果让李陵欲归无路。李陵以大丈夫不可再受辱拒绝了任立政，但李陵一生对自己投降匈奴而愧疚于心。在送别苏武回汉朝的时候，李陵在饯行酒宴上唱出了自己的心声：

径万里兮度沙漠，为君将兮奋匈奴；路穷绝兮矢刃摧，士众灭兮名已隤；老母已死虽欲报恩将安归。

——《别歌》

最终，于公元前74年，李陵病死在匈奴。匈奴人一直都很敬重李陵，故而柯尔克孜人凡有黑眼睛者，都说自己是李陵的后裔。

放言不羁终致祸

——杨恽的《拊缶歌》

受宫刑之后，司马迁忍辱负重，以超人的毅力完成了一代史学名著《史记》。之后，便将《史记》手稿秘密送往华山脚下女儿司马英的婆家保存，另将据手稿抄录的副本上交给汉武帝审查，但此副本由此便下落不明了。直到二十余年后的宣帝朝，司马迁的手稿才公布于世。公布司马迁《史记》手稿的是司马迁的外孙杨恽。

杨恽出身高贵，父亲为昭帝丞相杨敞，母亲为司马迁的女儿。杨恽自己因揭发霍光之子霍禹谋反有功，得以封侯，被宣帝封为平通侯，升任为中郎将。杨敞轻财好义，他被封为平通侯后，将从父亲处继承的500万家财，悉数分给家族中没有官爵的族人。其继母无子，继母死后便将全部财物交给杨恽继承，杨恽又把这些财物分给继母的兄弟们。杨恽为中郎将时，勇于改革，廉洁奉公，彻底整改了郎署贿赂成风的恶习，并因此而受到提拔，升至光禄勋（九卿之一）。

杨恽有种种优点，但他身上也有致命弱点。史书上记载说杨恽生性刻薄嫉妒，喜欢抓着人家的隐私说事，凡有跟杨恽有过矛盾的，一定都会遭到他的报复，心胸比较狭窄，而且放言无惮、口无遮拦，说话毫不顾忌，这样的例子数不胜数。例如，一次杨恽听说匈奴单于被弑，杨恽便说："昏君不听大臣们的好计策，自然就会有如此下场。秦二世宠信奸佞，残害忠良，最后亡国灭家。如果当初他能重用贤能之士，也许秦朝能延续到今天。总之，古今都是一丘之貉啊。"如果说前面的话还是以人为鉴、以古为鉴，那么这最后一句可就有点诽谤当朝了。再如杨恽在看西阁上的画像时，不指画中的尧舜等贤君，偏指着桀纣等暴君对人说，"天子从此画前经过时，如果能对桀纣亡国的过失略知一二的话，就能无师自通，当个好国君了"。不拿尧舜为榜样，偏以桀纣为鉴，原本也没什么，但就怕小人拿此生事，擅生是非。再如有马受惊后狂奔入北掖门，杨恽知道此事后，对富平侯张延寿说："听说以前有马受惊，拉着车便跑到殿门口，门闩都折了，马也死了，后来昭帝就驾崩了。今天又出现这样的事，看来不是好兆头。不过也没法的事，天命有数，非人力所能改变的。”昭帝算是短命的皇帝，现在宣帝即位没多久，杨恽此番话是否有影射宣帝的味道呢！诸如此类的事还有很多，就不一一列举了。这样的话可大可小，如果无人留意，也不过就是茶余饭后的谈资。但如果被“有心人”搜罗起来，到皇帝跟前有声有色地描绘一番，那就可是掉脑袋的事了。杨恽的还真碰上了这样的“有心人”。杨恽素与戴长乐不合。一次戴长乐遭人告发，便疑心是杨恽所为，在狱中上书皇帝，将杨恽平日种种放荡不羁的言语报告给了宣帝。经核实后，杨恽本该予以严厉处置的，宣帝不忍诛杀，便将之废去官职，免为庶人。

对杨恽来说，这还不是最糟糕的，最后要掉杨恽性命的是他回给朋友孙会宗的书信。杨恽对朝廷给自己的这个处分一直心有不满。回家后，便买田置地，大兴土木，广交朋友。杨恽有个名叫孙会宗的好友，看到杨恽贬黜后的生活状态，非常替他担心，便写了一封书信好言相劝。劝杨恽在贬谪后不应如此风光，应该关起门来表现出忧惧的情态，而不应像现在这样置办产业，广交宾客博取声誉。杨恽本来生性桀骜，对自己的贬黜心怀怨愤，故而对好友的劝诫大为反感，立即回信一封，后世名之为《报孙会宗书》。这封信写得颇有其外祖父司马迁《报任安书》之风，只不过在思想深度上不如司马迁罢了。杨恽在书信中斥责孙会宗是个随风倒、贪鄙的人，并随信附上一首诗歌，其诗曰：

田彼南山，芜秽不治，种一顷豆，落而为萁。人生行乐耳，须富贵何时！

——《拊缶歌》

杨恽有个家奴，因吃过杨恽的鞭子，便一直怀恨在心，伺机报复。五凤四年（公元前54年），出现日食。这个家奴便上书皇帝告发杨恽，说杨恽骄奢不思悔改，之所以出现日食，就是因为此人的原因。宣帝下令廷尉处理此事，在杨恽的住所搜出了《报孙会宗书》，加之杨恽罢官后总有表示对朝廷不满的言论，如“这个朝廷不值得效力”之类的话。宣帝大怒，下令腰斩杨恽，将妻子儿女发配酒泉，与其关系密切的友人如韦玄成、张敞、孙会宗等皆被免官。

宣帝之所以会对《报孙会宗书》如此生气，后人揣测是其中的那首《拊缶歌》起了效力。汉人解诗沿袭汉代《诗经》研究的方式，喜欢将诗歌附会政治，追求诗歌的颂美、批评、讽谏的功能。在毛诗系统里,"南山"是有特定含义的,它通常用来喻指"国君",那么诗中的南山种豆就成了对朝廷政治的批评,用"芜秽不治""落而为萁"隐喻朝政的混乱和严酷,有才华之士全然不能为朝廷所容纳。与其仕宦于这样的朝堂上,还不如及时行乐来得实在。联系杨恽罢官后的生活、言论,这样来理解这首诗似乎也能说得过去。这种从字里行间里寻找蛛丝马迹,给人罗列罪名,在后世尤其是明清时代登峰造极。

一曲《凤求凰》 千古佳话传

——司马相如与卓文君的诗歌

王实甫《西厢记》第二本第五折写白马寺解围后，老夫人违背当初许嫁小姐崔莺莺的诺言。在爱情无望的情况下，张生给在园中拜月的崔莺莺弹唱了一曲《凤求凰》："有美人兮，见之不忘。一日不见兮，思之如狂。凤飞翩翩兮，四海求凰。无奈佳人兮，不在东墙。张弦代语兮，欲诉衷肠。何时见许兮，慰我彷徨？愿言配德兮，携手相将！不得于飞兮，使我沦亡。"以司马相如自比大胆表白心意，借琴声捅破了那层窗户纸，终于赢得美人芳心，换来西厢中的幽会。

《凤求凰》作为题名最早出现在明代汪芝所辑录的《西麓堂琴统》中，其前身是在徐陵《玉台新咏》中所收录的相传为司马相如所作的《琴歌》，其辞为：

凤兮凤兮归故乡，遨游四海求其凰。时未遇兮无所将，何悟今兮升斯堂！有艳淑女在闺房，室迩人遐毒我肠。何缘交颈为鸳鸯，胡颉颃兮共翱翔！

凰兮凰兮从我栖，得托孳尾永为妃。交情通意心和谐，中夜相从知者谁？双翼俱起翻高飞，无感我思使余悲。

对比之下，《西厢记》中的《凤求凰》显然不是司马相如的《凤求凰》了。据《史记·司马相如传》记载因梁孝王的去世，司马相如结束了菟园诗酒风流的生活，回到了家乡四川。因家徒四壁，贫困无以自立，司马相如投靠到了老朋友临邛县令王吉那儿。在一次临邛富豪卓王孙的宴会上，司马相如借助王吉的帮助，以琴声挑逗卓王孙新寡的女儿卓文君。通晓音律的卓文君领会了司马相如的心意，并深深为其才华所折服。司马相如后又买通卓文君的侍者帮其传达殷勤之意。最终卓文君放弃养尊处优的生活，与才华横溢然而贫困的司马相如当夜私奔到成都。卓文君从此成了敢于追求爱情，热烈奔放女性的文化符号。后世戏曲、小说中出现大量文君故事，如元杂剧《卓氏女白头吟》、明杂剧《卓文君私奔相如》《琴心雅调》，明传奇《琴心记》《凤求凰》，清传奇《鹔鹴裘》《凤凰琴》等。今天人们把《凤求凰》喻为“夫妻之曲”，“凤凰于飞”也成了祝贺婚姻美满、夫妇恩爱之辞。《史记》根据司马相如的《自叙》撰成《司马相如传》，其对司马相如这段风流韵事的记载应该是比较可靠的，但《史记》没有记载司马相如琴挑文君的具体歌辞内容。人们最早见到这首曲辞内容的时候，已到了六朝时期了，所以对这首《琴歌》也会有人怀疑它是否为司马相如所作，或许是汉至六朝人的集体创作、加工的结果。

司马迁还记载了卓文君与司马相如在贫困得无法生活的时候，又回到临邛，在父亲家对面开了家小酒馆，卓文君就像《羽林郎》中的胡姬那般当垆卖酒，司马相如则充当杂役跑前跑后，令卓王孙颜面大损。最后在亲友的劝说下，卓王孙分给文君一部分家财，两人带着财物又回到成都过起了富足的生活。后来，司马相如因《子虚赋》为汉武帝赏识，入朝为官，平步青云。至于以后二人的感情生活过得怎样，《史记》中没有记载。倒是西晋葛洪的小说《西京杂记》中说，司马相如发达后又相中了一茂陵女子，欲聘为妾，卓文君大为伤心，作了一首《白头吟》表示决绝，其辞为：

皑如山上雪，皎若云间月。闻君有两意，故来相决绝。今日斗酒会，明旦沟水头。躞蹀御沟上，沟水东西流。凄凄复凄凄，嫁娶不须啼。愿得一心人，白头不相离。竹竿何袅袅，鱼尾何簁簁。男儿重意气，何用钱刀为。

司马相如读了文君所作的绝情诗后惭愧难当，放弃了娶妾的打算，与卓文君厮守到老。富贵易妻，从古到今绝非新鲜事。东汉光武帝欲将新寡的湖阳公主嫁给已有家室的宋弘时，也曾以“谚言贵易交，富易妻，人情乎”来规劝宋弘，宋弘以“糟糠之妻不下堂”婉拒了帝王的好意。而世间如宋弘般的男子拒绝皇亲国戚的巨大诱惑而坚守婚姻的又有几人？司马相如的这段薄情之迹也就有了充分存在的可能。

《白头吟》最早出现在徐陵的《玉台新咏》中，题名为《皑如山上雪》，因诗中有“愿得一心人，白头不相离”一句诗，所以此诗又名《白头吟》。《宋书·乐志》又称此篇为“汉世街陌谣讴”，是汉代流传于民间的无名氏之作。因《西京杂记》的小说性质，人们现在多倾向于将此诗视为无名氏之作。但以诗歌的形式表达对爱人移情别恋的不满与决绝，以及诗歌中“闻君有两意，故来相决绝”展现出的女性的那种刚烈、倔强、干脆的性格，倒是与卓文君的身份个性颇为相符。诗中用“沟水东西流”表示二人分手后彼此“井水不犯河水”的写法，在后世颇有影响，例如：“恩情中道绝，流止任东西”（曹植《怨诗行》）；“麻茎左右披，沟水东西流”（吴均《城上麻》）；“君情与妾意，各自东西流”（李白《妾薄命》）等等。

《史记》中司马相如与卓文君的爱情故事对后世戏曲、小说的创作产生巨大影响，形成了后世才子佳人小说、戏曲的固定模式，如郎才女貌的爱情是建立在彼此相悦、知音相赏的基础上的，感情的表白与加深离不开音乐的沟通，感情的顺利进展还少不了侍女的穿针引线的撮合等等。卓文君也成为后世才子佳人突破束缚、争取爱情的榜样来效法的。

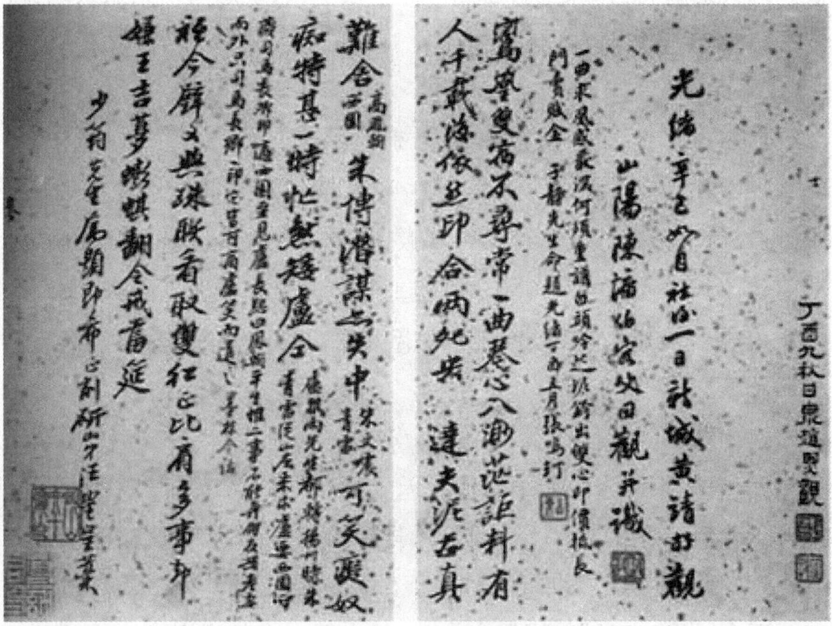

出自《司马相如、卓文君印题咏册》

恶人自有恶人磨

——息夫躬的《绝命辞》

息夫躬,哀帝时光禄大夫,喜在朝堂上评议政治,放言无惮,并常常上书弹劾公卿大臣。丞相王嘉、御史大夫贾延、左将军公孙禄等都遭到过息夫躬的诋毁。起初,在待诏金马门时,息夫躬便喜好口无遮拦地评议时事、品评他人,招人忌恨。息夫躬颇有自知之明,自知得罪了很多人,唯恐有一天遭人陷害,便早早写了一篇《绝命辞》,其诗曰:

玄云泱郁将安归兮,鹰隼横厉鸾徘徊兮!矰若浮猋动则机兮,丛棘栈栈曷可栖兮。发忠忘身自绝罔兮,冤颈折翼庸得往兮。涕泣流兮萑兰,心结愲兮伤肝。虹蜺曜兮日微,孽杳冥兮未开。痛入天兮鸣呼,冤际绝兮谁语?仰天光兮自列,招上帝兮我察。秋风为我唫,浮云为我阴。嗟若是兮欲何留,抚神龙兮揽其须。游旷迥兮反亡期,雄失据兮世我思。

几年后,息夫躬被人诬告巫蛊诅咒天子,被抓捕入洛阳狱中。未动刑前,息夫躬便仰天大呼,倒在地上,身体僵直,耳鼻流血,不久便死了。《绝命辞》里有"痛入天兮鸣呼,冤际绝兮谁语"等语,不想竟一语成谶。不过息夫躬这个人可不是诗中那个"发忠忘身"的抒情主人公,息夫躬本人长于权术,阴险狡诈,人格为人所不齿。他以诬告巫蛊谋反起家,自己又被人诬告巫蛊诅咒天子,这样的人生结局对他来说无疑是个极大的反讽。

息夫躬与当朝国丈傅晏是同乡,又是故交,凭着这层关系,息夫躬在朝中谋了待诏的身份。作待诏,虽能从朝廷领俸禄,但毕竟太微薄,息夫躬便左右交游,寻机谋个一官半职。建平三年,东平王刘云境内的无盐县竟然有块高九尺六寸、宽四尺的巨石,自己向旁边挪动了一丈左右。汉朝流行"天人感应说",往往将自然界的种种奇异之象与社会人事相比附。东平王听说后，非常惊异，便带领王后谒等人前去祭祀，并在王宫内模仿大石形状垒砌了一块假石，定时予以祭祀祈福。东平王祭祀石头的事情被息夫躬偶然听说后，息夫躬高兴了，意识到自己封侯的机会就要来了。息夫躬及其同伙孙宠、宋弘等人立马上书哀帝，称宣帝当年从民间被找来做太子的时候，也有块大石头自己立了起来。现在东平国境内无盐县也有块石头出现类似事情，东平王夫妇就以为以后天下就是他们的了，便没日没夜地诅咒皇帝，想早日取得帝位。如果陛下现在不及时制止的话，那陛下以后就要面临着被下毒、刺杀的危险了。哀帝看到息夫躬的上书后，非常生气，立即下令追查此事。东平王家的下人受不住严刑拷打，屈打成招。东平王刘云以意图谋反被废为庶人，王后谒及其父被处死。息夫躬倒是因此得到哀帝提拔，任命为光禄大夫，第二年封为宜陵侯。哀帝也趁机满足了自己酝酿了很久的一个心愿，将其所宠爱的男妾董贤封为高安侯，其理由是董贤也参与了这件事，可怜的宋弘因董贤的硬硬加入被挤出了封侯的队伍。这件事也就成了息夫躬不光彩的政治起点。

董贤的得宠引起傅晏等的不满，傅晏联合息夫躬等人，意图扩大政治影响力，谋取辅政的资格。恰好这年单于推脱有病没来按时朝拜，只派了使者前来说明情况。息夫躬抓住此事，上奏哀帝说单于不来朝拜，恐怕是有变故。为了震慑匈奴，息夫躬提议让归降的胡人假扮西域大国卑爰疐的使者前来上书，书中表示对大汉的归附和对匈奴的不满，并将这件事广泛的散播出去，如此而来，匈奴便不敢轻举妄动。趁机可以让大将军巡边，整饬战备，以加强震慑作用。公孙禄将军和王嘉丞相都不赞成息夫躬这种下三流的阴谋和华而不实的计策，表示反对。但最终哀帝还是任命傅晏为大将军去边疆整饬军备。董贤知道了傅晏和息夫躬反对自己的事，便借天有日食劝阻了哀帝。哀帝立马取掉了傅晏大将军的头衔。此时，丞相、御史都上书参奏息夫躬。哀帝对息夫躬产生反感，将之罢去官位，撵回封地。

息夫躬到了封地后，一时没有自己的住宅，便借宿在空亭中。有伙强盗见息夫躬是个侯王，以为很有钱，便夜夜在空亭周围出没查探虚实，搅得息夫躬一家老小不得安宁。这时，息夫躬的同乡贾惠经过其处，教给了他一个驱赶强盗的法子。用桑树东南向的树枝做成匕首，在上面画上北斗七星，每晚手持此木，披头散发，站在庭中咒骂盗贼即可。此事传出去后，就有人告发息夫躬心怀怨恨，夜观天象，窥探天子命数，并像个巫师一般地进行诅咒。皇帝一听立马把息夫躬抓捕起来，将其老母处死，其妻子被流放合浦，同族亲属不许出来做官。

结合息夫躬乍起乍落、具有讽刺意味的一生，再去看他的《绝命辞》。那《绝命辞》或许是息夫躬的一个未展开的阴谋，准备给那些意图谋害他的人。让世人们都看清楚了，息夫躬我遇害，不是因为我是个坏人，而是害我的那些人太坏。你看，不是有诗为证嘛！

修翼志凌霄　通塞不由己

——郦炎的《见志诗》

郦炎只活了二十八岁，两首《见志诗》便将他短暂生命的精神历程记录了下来。

郦炎是著名辩士郦食其的后代，身上继承了祖辈能言善辩的基因。郦炎通常用几句话就能堵得别人无话可说。郦炎通晓音乐，在文学上也很有天分。他自视甚高，州郡征辟他为官，他都一律拒绝。并不是他打算当隐士，只是他觉得以他的才华，去州郡做小吏是大材小用。像他这样的人才，应该是由朝廷出面征辟的。于是郦炎便留在家中，待价而沽。郦炎所期待是向陈平、韩信那样平步青云，一鸣冲天的人生。陈平早年非常贫困，以致没人肯把女儿嫁给他，最后只能娶嫁了五次，当了五次寡妇的张负的孙女为妻。但公平、有才干的陈平最终帮助刘邦夺取天下，建立政权，拜为丞相，封为曲逆侯。韩信早年被市井无赖欺侮，忍受胯下之辱，最狼狈的时候，连饭都吃不上，还要靠河边洗衣服的老妇人接济给他食物，才没被饿死。然而韩信一朝成功，被命名为大将军，封为淮阴侯。郦炎所追求的就是陈平、韩信这样的康庄大道，决然不会走上州郡小吏的人生小道。郦炎美好地期待着自己的人生，并相信事在人为，我命在我不在天，并将这种想法写在了诗中。其诗曰：

> 大道夷且长，窘路狭且促。修翼无卑栖，远趾不步局。舒吾陵霄羽，奋此千里足。超迈绝尘驱，倏忽谁能逐。贤愚岂常类，禀性在清浊。富贵有人籍，贫贱无天录。通塞苟由己，志士不相卜。陈平敖里社，韩信钓河曲。终居天下宰，食此万钟禄。德音流千载，功名重山岳。

然而终其一生，郦炎所接到的征召都来自州郡。也许也是因为郦炎的生命太短促，如果假以时日，或许会有一番成就，毕竟他的《见志诗》写得还是很不错的。郦炎的人生目标失落后，怀才不遇的愁郁之情侵扰着他。他把自己比作贾谊。贾谊是文帝时著名的才子，十八岁便进入朝廷高层，一年内连续得到三次提拔，颇得文帝器重。但周勃、灌婴等老臣嫉贤妒能，排挤贾谊，诋毁他年少轻狂。于是贾谊被贬为长沙王太傅，没几年便抑郁而终。贾谊的人生经历成了后世才华早露而不得志者的精神代言人。郦炎便将自己的满腹委屈倾诉在了诗中，其诗曰：

> 灵芝生河洲，动摇因洪波。兰荣一何晚，严霜瘁其柯。哀哉二芳草，不植太山阿。文质道所贵，遭时用有嘉。绛灌临衡宰，谓谊崇浮华。贤才抑不用，远投荆南沙。抱玉乘龙骥，不逢乐与和。安得孔仲尼，为世陈四科。

这两首诗大概写于郦炎二十几岁的时候，后来郦炎似乎得了间歇性精神病，平时还可以控制自己。当他所挚爱的母亲去世后，郦炎的精神病发作不可遏制。而此时正巧碰上他的妻子临产，他妻子被他的行为惊吓过度，产后没多久便去世了。妻子家的人便认定是郦炎杀死了自己家的女儿，将郦炎告到官府，郦炎被抓到狱中时，已经完全精神失常，最后死在狱中。

赋诗励勤学

——傅毅的《迪志诗》

傅毅，字武仲，扶风茂陵人，博学而富有文采。其为兰台令时，曾模仿《诗经·周颂·清庙》篇，作了十篇《显宗颂》，歌颂汉明帝的功德，赢得朝廷上下的一致称赞，文名鹊起。之后车骑将军马防和窦宪因其文名显著，都曾先后征召他入自己的帐下。傅毅年纪晚班固十余年，先跟班固同为兰台令，后又同侍奉于窦宪幕中。仕途不顺的班固对年轻又很有盛名的傅毅很不以为是，曾写信给弟弟班超说，傅毅写起文章来没完没了，下笔不能自休。这事被曹丕写入其《典论》之中，成为中国最早被提及的文人相轻的典型。

傅毅早年曾经在平陵学习经学。汉代的经学发展到东汉已变得烦琐不堪。在儒家经典中只有五个字的话，汉代的经师们就能用二三万的字对之进行解说。故而当时有句话说："幼童守一经，白首而后能言。"意思是说，关于一部经书的学问，一个人要从小学到老，才能学懂。曾为光武帝和明帝老师的桓荣，当年跟随朱普学习欧阳《尚书》章句时，就花了十五年才将四十万言的《尚书》章句学会。他在给明帝讲授时，压缩到二十三万言。其子桓郁在给章帝、和帝讲经时，进一步压缩，尚有十二万言。而一部《尚书》仅有两万五千多言。由此便可以知道汉代学子们在学习经学过程中所面临的枯燥和付出的努力。傅毅年轻学习经学时，为自我勉励，写了一首《迪志诗》，用他祖上的辉煌来自我勉励要勤奋刻苦专一地学习，以便将来可以光宗耀祖。傅毅的家族史在史书中没有记载，据傅毅的《迪志诗》来看，其最早的祖先是商代名臣傅说，汉代时家族里出了以军功封侯的义阳侯傅介子，以及高武侯傅喜，光武帝时又有昆阳侯傅俊。傅毅的《迪志诗》在写法上有点模仿韦孟、韦玄成的诗风。因诗歌是发自内心地希望通过努力学习光耀明楣，所以读起来具有一定的感染力。

附：

咨尔庶士，迨时斯勖。日月逾迈，岂云旋复。
哀我经营，旅力靡及。在兹弱冠，靡所树立。
于赫我祖，显于殷国。二迹阿衡，克光其则。
武丁兴商，伊宗皇士。爰作股肱，万邦是纪。
奕世载德，迄我显考。保膺淑懿，缵修其道。
汉之中叶，俊乂式序。秩彼殷宗，光此勋绪。
伊余小子，秽陋靡逮。惧我世烈，自兹以坠。
谁能革浊，清我濯溉？谁能昭暗，启我童昧？
先人有训，我讯我诰。训我嘉务，诲我博学。
爰率朋友，寻此旧则。契阔夙夜，庶不懈忒。
秩秩大猷，纪纲庶式。匪勤匪昭，匪壹匪测。
农夫不怠，越有黍稷，谁能云作，考之居息？
二事败负，多疾我力。如彼遵衢，则罔所极。
二志靡成，聿劳我心。如彼兼听，则溷于音。
于戏君子，无恒自逸。徂年如流，鲜兹暇日。
行迈屡税，胡能有迄。密勿朝夕，聿同始卒。

——《迪志诗》

汉画像砖《传经讲学》

贤人五噫叹劬劳

——梁鸿的《五噫歌》

提起梁鸿(扶风平陵,今陕西咸阳人),人们会立马想到孟光举案齐眉。那夫唱妇随的知己之恋,美好得令人羡慕嫉妒。梁鸿虽然家境贫寒,但他是一个有气节、有操守、讲信用,安贫乐道,视富贵权势如浮云的人。当梁鸿从太学中学成回乡后,很多人家(其中不乏富贵权势之家)仰慕梁鸿的高尚品德,纷纷要将女儿嫁给这个穷小子,但这并不意味着梁鸿故里的民风很淳厚。因为汉代在选拔官吏的时候,实行的是察举制,一个人能否进入仕途,看的是这个人入仕前的社会声誉。所以,很多人想着法子为自己赚取虚名。本来,此种制度是统治者意图用来净化社会风气、移风易俗、教化百姓的,但在名利权势的引诱下,人们多是忙着做表面文章,反而滋生更多社会丑恶。汉代流传的一句谚语便很生动地嘲讽了这种现象,其言:

举秀才,不知书;举孝廉,父别居。寒素清白浊如泥,高第良将怯如鸡。

梁鸿

梁鸿回乡之前,在太学读书时就早已好评如潮。这源于梁鸿在一次无意间,不小心失火烧及邻居家，梁鸿便把自己养的几头猪赔给邻居。邻居还是不依不饶，梁鸿便提出无偿为其帮佣来偿债。在给邻居家帮佣时，梁鸿勤勤恳恳地从早忙到晚，周围邻居都看在眼里，一致认为梁鸿是个厚道人，那个邻居为人太过刻薄。在舆论压力下，邻居不敢再让梁鸿无偿帮佣了，并提出要将猪还给梁鸿。而梁鸿执意不肯接受。由此，梁鸿的名声便传播开来。许多人上门提亲，梁鸿一概拒绝。直到邻县孟家貌丑然而贤惠脱俗的大龄女儿表示非梁鸿不嫁时，梁鸿才结束了自己的单身生活。梁孟的结合是建立在共同志趣之上的。当孟家女儿嫁到梁家，脱去绫罗绸缎，摘掉珠钗宝钿，换上粗布衣服，梳起椎髻，表示愿与梁鸿同甘共苦、隐居山林。梁鸿欣喜过望，并给心爱的妻子取名孟光。两千多年后，人们仍然会为这段不同凡俗的结合、与众不同的生活追求而感慨。在东汉，出现了很多不愿同流合污，以高洁品行自我标榜，独立于朝廷之外的逸士高人，《后汉书》为之专门开辟了《逸民列传》，梁鸿便是其中之一。

独立于朝廷之外，并不意味着就高蹈遗世、跳出红尘，对人世间作冷眼旁观。只是因为他们太见不得世间丑恶，太相信圣贤们所标榜的仁爱礼义，大同之世，一腔正气始终升腾在他们的胸中。梁鸿一次东出函谷关，来到洛阳。站在洛阳的北山上，看着繁华的帝都，在阳光下金碧辉煌的雄伟宫殿，联想到自己包括周围那些食不果腹、衣不蔽体的百姓，联想到隔三岔五便能见到的收税人那凶恶而扭曲的脸，想到衙役们强拉壮丁服兵役、服徭役时家人撕心扯肺的哭叫声，梁鸿再也抑制不住自己的愤怒，吟出了千古传唱、独具一格的《五噫歌》，其诗曰：

陟彼北芒兮，噫！
顾瞻帝京兮，噫！
宫阙崔巍兮，噫！
民之劬劳兮，噫！
辽辽未央兮，噫！

这首诗歌就像梁鸿这个人一样有个性。在传统感叹词“兮”字的后面，又创造性地加上一个“噫”字。五个“噫”字一气呵成，将诗歌中崔巍的宫阙与百姓无尽之苦对比中的愤恨之情痛快地宣泄了出来。直白质朴却很有力量，极具生命力。章帝知道这首诗后，龙颜大怒，下令抓捕梁鸿。梁鸿不得已隐姓埋名带着妻子逃到山东，之后又去了吴地。在吴地，梁鸿又作了一首诗，抨击社会的黑暗，谗佞当道，贤愚倒置，表达对古圣先贤、理想之国的向往、追慕，其诗曰：

逝旧邦兮遐征，将遥集兮东南。心惙怛兮伤悴，忘菲菲兮升降。欲乘策兮纵迈，疾吾俗兮作谗。竞举枉兮措直，咸先佞兮唌唌。固靡惭兮独建，冀异州兮尚贤。聊逍摇兮遨嬉，缵仲尼兮周流。傥云睹兮我悦，遂舍车兮即浮。过季札兮延陵，求鲁连兮海隅。虽不察兮光貌，幸神灵兮与休。惟季春兮华阜，麦含英兮方秀。哀茂时兮逾迈，愍芳香兮日臭。悼吾心兮不获，长委结兮焉究！口嚣嚣兮余讪，嗟恇恇兮谁留？

——《适吴诗》

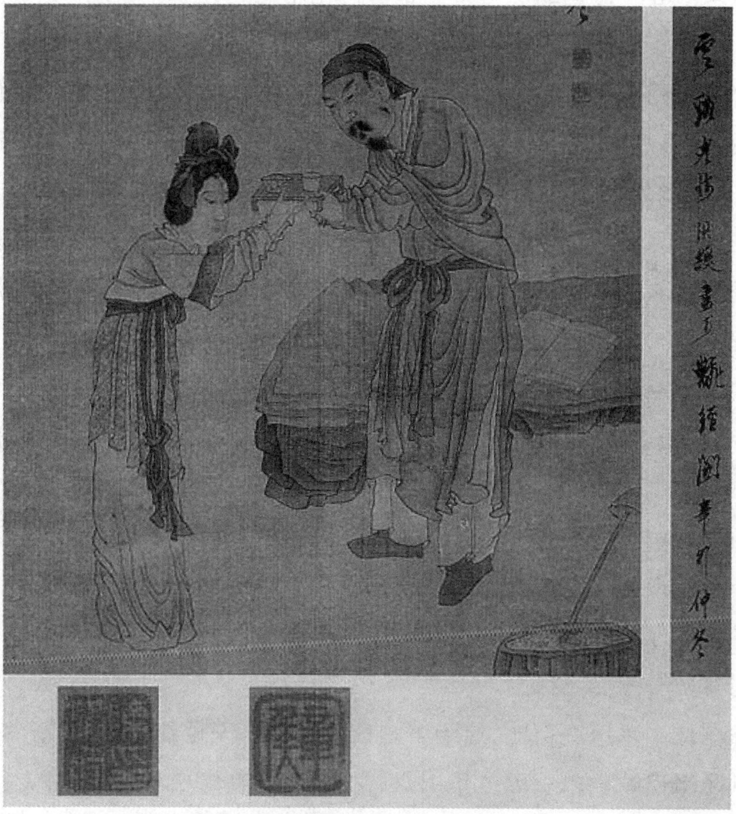

明·陈洪绶《举案齐眉图》

有凤无梧桐　鸱鸮展其翼

——朱穆的《与刘伯宗绝交诗》

北山有鸱，不洁其翼。飞不正向，寝不定息。饥则木揽，饱则泥伏。饕餮贪汙，臭腐是食。填肠满嗉，嗜欲无极。长鸣呼凤，谓凤无德。凤之所趣，与子异域。永从此诀，各自努力。

这是朱穆唯一传世的一首诗。整首诗化用的是《庄子·秋水》中“鸱吓鹓雏”的典故。诗歌一开头便用鄙夷的口吻描画了一只肮脏、猥琐的鸱鸮。飞起来忽东忽西，停息下来又躁动不安。饿了就跑出来对着死老鼠大快朵颐，饱了就在泥堆儿里打盹。就这样吃死老鼠都吃不够的鸱鸮还去嘲笑高贵的凤凰。对这样的鸱鸮，凤凰是不会与之为伍的。诗歌看上去好像是一首禽言诗，但这首诗实际上是朱穆写给旧友刘伯宗的绝交诗。朱穆本为名门之后，曾祖父朱岑是光武帝刘秀的老友，刘秀做皇帝后便下令寻找朱岑要给他官做，共享富贵。祖父朱晖更是东汉有名的忠臣良吏。朱穆自己早年也因品学兼优被推举为孝廉。而刘伯宗早年家境贫困，生活潦倒，因与朱穆相识，便时常走动来往巴结他。朱穆做丰令时，母亲刚刚去世的刘伯宗听说后，脱掉孝服跑去府衙拜见朱穆。朱穆当侍书御史时，刘伯宗也曾亲自去府台拜见过朱穆。可到了后来，刘伯宗成了月入两千石的高官后，再找官位已低于他的朱穆时，就不再亲自登门了，而是打发了个小差役到朱穆那儿。刘伯宗前倨后恭的势力行径令朱穆很生气，朱穆便给刘伯宗写了一封书信数落他的恶迹，并随书附上了这首绝交诗。之后，朱穆又专门写了一篇《绝交论》。

朱穆在诗中以凤凰自比，这绝不是自我吹嘘。无论在才干、品行等方面，朱穆都堪以凤凰自喻。朱穆因才华出众、文武兼备，在顺帝年间，便被大将军梁冀所赏识、信任。梁冀凭借外戚身份在当时权倾一时，事无大小，皆由其决断。百官被提拔后，都要先去梁府谢恩，然后才去尚书台。被梁冀信任赏识，意味着仕途上将会前途无量。只要琢磨透梁冀的心思，顺其意而为便能在官场上大红大紫。而朱穆却不是那种溜须拍马之徒，他清正严肃，疾恶如仇，是一个极具社会责任感的人。他曾连续三次上书梁冀，劝他远离谗佞小人，多重用正直贤能的士人，不要挥霍无度、奢侈淫靡，不要过度聚敛民财，停止接受地方上的进贡和贿赂等，希望通过梁冀对自己的好感和他手中的权势，积极建言献策，改变东汉腐朽的政局。朱穆的举动引起梁冀的反感甚至忌恨，便趁着冀州因水灾而生出叛乱的机会，打发朱穆去冀州任刺史。冀州共有一百个县，很多官吏都贪赃枉法、欺压百姓，他们听说朱穆要来冀州任职后，有四十多人纷纷丢下官印逃掉了。在冀州，朱穆还整治了宦官赵忠的不法行为。有人告发赵忠不尊礼制，埋葬他的父亲用皇帝的礼仪，并在墓冢中埋放玉匣。朱穆得知后，立即派人调查，衙役们掘开坟墓果然发现了玉匣。朱穆便下令抓捕了赵忠的家人。赵忠恶人先告状，在桓帝面前诬告朱穆挖他祖坟，逮捕其家人。梁冀也趁机进谗言。于是，朱穆被捕入狱。幸亏太学生刘陶等数千人上书为其申诉，朱穆方才得以释放。在家田居几年后，朱穆再度出仕，被任以尚书。虽然经历了冀州之祸，朱穆依然刚正不阿，敢于直面丑恶，敢于数次上书揭露宦官的罪恶，甚至当面向皇帝揭发宦官。皇帝一直依赖宦官，自然不喜欢朱穆这样的总给宦官找麻烦的人，宦官们对朱穆也充满仇恨。屡屡在皇帝跟前说朱穆的坏话。朱穆本是一个刚正严肃的人，对子虚乌有的恶名，气愤不过，终于疽发而死。

夙慧桓氏儿　谦逊留佳名

——桓麟的《答客诗》

东汉桓氏家族以经学起家、传家，从光武帝、明帝、和帝、安帝到顺帝，桓家一门四代（桓荣、桓郁、桓焉、桓麟）都是帝王之师，荣耀备至。桓家还素有谦逊退让的家风。光武帝要拜桓荣为博士时，桓荣谦逊地推让给郎中彭闳、扬州从事皋宏，光武帝任二人为议郎后，仍拜桓荣为博士。桓荣死后，因其长子早亡，朝廷便命次子桓郁袭封爵位，桓郁上书请求让爵于其兄之子桓汎。明帝不允许，不得已桓郁受封，但把食邑五千户的租金全部上缴。桓焉在被封为平阳侯的时候，也坚决推让不受。在这种诗礼传家的环境中成长起来的桓麟在很小的时候便很好地承袭了家风。

桓麟12岁的时候，一次伯父桓焉宴请客人，桓麟也在场。伯父桓焉便跟客人夸耀说："我们家的桓麟年纪虽小，但很有才华，尤其善于作诗。"客人一听，便很想见识一下桓麟的才华，便自己作了一首诗来夸赞桓麟，想借此来看看桓麟的反应。其诗曰："甘罗十二，扬乌九龄。昔有二子，今则桓生。参差等踪，异世齐名。"客人对桓麟的夸赞很高，把桓麟比成古代神童甘罗和扬乌。甘罗是秦国丞相甘茂的孙子，12岁时便做了丞相吕不韦的门客。他主动请愿出使赵国，在甘罗对利害的分析下，赵王心甘情愿地交出河间五城，甘罗凭借三寸不烂之舌，兵不血刃就为秦国取得河间之地，是战国时代著名的少年政治家。扬乌是杨雄的儿子，据说，扬乌九岁的时候就能跟杨雄探讨杨雄著作《太玄》中的问题。《太玄》是杨雄模仿《周易》写的一部哲学著作，义理深奥，而九岁的扬乌却能和父亲杨雄就此进行讨论，故而杨雄说："吾家童乌，9岁预吾《玄》矣。"

桓麟一听客人这样高的夸赞自己，不好照单全收，便借着客人的诗立马做出一首诗，其诗曰：

邈矣甘罗，超等绝伦。伊彼扬乌，命世称才。嗟予蠢弱，殊才伟年。仰惭二子,俯媿过言。

诗的意思是说甘罗才华超群,扬乌也聪明早慧,都是他们那个时代的佼佼者。而我蠢笨弱小,与他们比起来实在差得太远,仅仅年龄相仿而已。我实在是不如甘罗和扬乌,对您的过誉之词,惭愧难当。桓麟不假思索地作了这首答诗,谦逊得体。相对客人的赋诗,桓麟虽年仅12岁,但他的诗歌更富文学意味。客人听后,大为叹赏。由此成为一段佳话,在后人眼中,桓麟也成了当之无愧的神童。

谁说女子不如男

——班固的《咏史诗》

《尚书·舜典》上记载说“帝曰：‘皋陶（gāo yáo），蛮夷猾夏，寇贼奸宄。汝作士，五刑有服，五服三就。五流有宅，五宅三居。惟明克允’”。皋陶是中国的司法鼻祖，被后人尊为狱神。《尚书》的这段文字是帝嘱咐皋陶面对狡猾邪恶的坏人要法度严明，以此才能取得民众的信任。里面提到的“五刑”指的是墨（又称黥，在犯人脸上刻字并涂上黑色的颜料，使所刻字成为永久记号）、劓（割鼻）、刖（断足）、宫（割除生殖器）、大辟（砍头）五种对肉体的刑罚。这些野蛮残酷的刑罚起自上古，流衍于明清，在惩罚恶的名义下将人性中阴暗邪恶的一面暴露于光天化日之下。而在历史上，汉文帝曾一度废除肉刑，并令丞相张苍、御史大夫冯敬重新修订法律。规定判为黥刑者，改为剃发并在脖子上带上铁制枷锁服刑；判为劓刑者，改为受三百鞭子；判为斩脚趾者，改为受五百鞭子，对于杀人自首、贪赃枉法、监守自盗及判刑后又犯罪者，都予以处死，而对在服刑期内安于服刑者，则可递减刑罚，甚至释放。文帝的新法废除了肉刑的残酷，体现了法律的人文精神。促使文帝出台新法律的决定，离不开一位勇敢的少女缇萦。

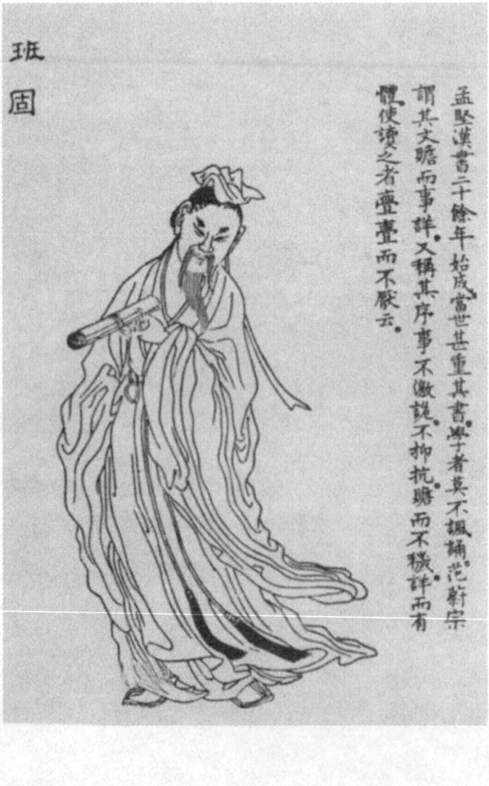

缇萦的父亲淳于意是文帝时齐国的太仓令，故人称之为仓公。淳于意喜好医术，曾拜同郡名医公

乘阳庆为师，而尽得其所传，于是医道日益精进，据说他可以使人起死回生。太史公在《史记》中将其与神医扁鹊同列于同一传记中，名为《扁鹊仓公列传》。淳于意一次无意间得罪了齐王的丞相，被安上了渎职的罪名，逮捕至长安发落。渎职罪在汉代是要遭肉刑惩罚的。淳于一家为此事恐惧、着急，更不知如何是好。淳于意一生只生了五个女儿，在这种紧急的时候，淳于意不免失落伤心，叹息道："白白生了五个女儿，没有一个儿子，遇上事的时候没有一个顶用的。"淳于意的小女儿缇萦听父亲这样说后心里很不是滋味，为了宽慰父亲也为了求得一线生机，缇萦主动要求随父亲上京寻找申冤的机会。到了京城后，缇萦想方设法上书文帝，在上书中缇萦写道："齐国人都称道父亲是一个廉洁公平的太仓吏，而现在却要受到肉刑的惩罚。人死不能复活，受了残酷肉刑的身体也难再复原，即便以后想改过自新也不可能了。我自愿为官婢以为父亲赎罪，希望给他一个改过自新的机会。"缇萦的上书令文帝大为感动，于是下诏自我反省并废除了肉刑。责令有关人员彻查清楚淳于意的案情后将之无罪释放。

二百多年后，东汉史学家班固有感于缇萦上书救父的事迹，写了一首五言诗《咏史》，虽然钟嵘以"质木无文"评价此诗，但这首诗也是中国最早的文人五言诗和最早的咏史诗。其诗曰：

> 三王德弥薄，惟后用肉刑。太仓令有罪，就逮长安城。自恨身无子，困急独茕茕。小女痛父言，死者不可生。上书诣阙下，思古歌鸡鸣。忧心摧折裂，晨风扬激声。圣汉孝文帝，恻然感至情。百男何愦愦，不如一缇萦。

班固为何作此诗，没有确凿的史料可考。结合这首诗歌看班固晚年的经历倒是颇值得玩味。班固晚年弃笔从戎，投于大将军窦宪帐下。后窦宪意图谋反之事泄露，遭朝廷追究。窦宪的门客一律逮捕拷问。班固与此事无关，但也因此而被免职。不幸的是，班固疏于对家人的管教，其家奴曾因醉酒而言语冲撞过洛阳令种兢，种兢当时惧于窦宪的权势未敢发作，但却一直怀恨在心。趁窦宪的事件，种兢将班固逮捕入狱，在经受百般折磨后，班固离开人世，卒年61岁。班家子弟不少，但却没有一个人能挽救下班固的性命，可见，有时女儿未必不如男子。

美人香草寓忠心

——张衡的《四愁诗》

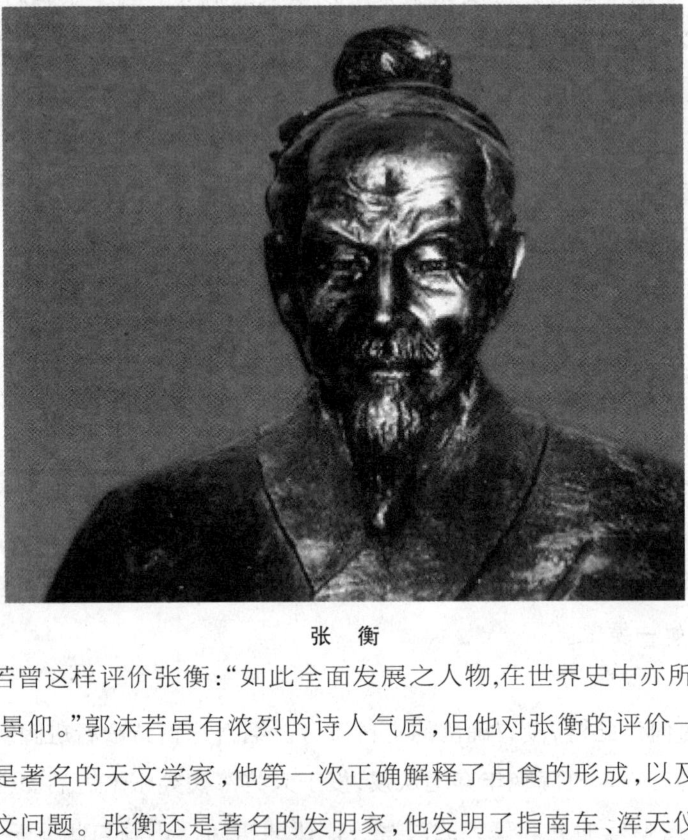

张 衡

郭沫若曾这样评价张衡："如此全面发展之人物，在世界史中亦所罕见，万祀千龄，令人景仰。"郭沫若虽有浓烈的诗人气质，但他对张衡的评价一点也不夸张。张衡是著名的天文学家，他第一次正确解释了月食的形成，以及地球是球状的等天文问题。张衡还是著名的发明家，他发明了指南车、浑天仪、地动仪、土圭等。张衡还是著名的画家，唐代张彦远的《历代名画记》将张衡列为汉代六个画家之首。张衡还是文学家，他的《二京赋》是汉大赋规模最大的赋作之一，并因此而与司马相如、班固、杨雄并列汉赋四大家；其《归田赋》开创了后世抒情小赋的先河；《同声歌》则是后世七言诗的开山之祖。除此之外，张衡还是一个富有社会责任感的正直官员，他的《四愁诗》可以为证。

张衡，字平子，南阳西鄂人。早年曾游学于三辅（今陕西中部地区），得到经学大师贾逵的指点，加上自己身上的聪明和勤奋，对儒家经典颇为精通。学成之后，官府推举他为孝廉，他屡屡拒绝。当时权势很盛的大将军邓骘屡屡征召他入府，他也予以回绝。张衡年轻时就对天文、阴阳、历算颇感兴趣，渐渐地名气越来越大。同时，此时大汉帝国里经常出现天灾和自然界的怪异现象，安帝听说张衡在天文、历算、阴阳方面的成就后，就将张衡召入朝中，拜为郎中，后提拔为太史令，专门负责天文、阴阳方面的事务。在太史令一职上，张衡一干就是14年。在这14年里，张衡做出很多重大发明，同时他还利用职务之便积极向皇帝上书讨论政事。永建五年（公元130年），张衡上书顺帝。在上书里，张衡认为天下之所以总是出现自然灾害和怪异现象，是因为朝中奸佞之臣太多，皇帝身边的小人干涉政治的结果。他建议皇帝要自己掌握实权，打击宦官等等。这封上疏深得顺帝的赏识，不久，于阳嘉二年（公元133年），晋升张衡为侍中。侍中一职相当于皇帝的顾问，俸禄也颇为丰厚，因与皇帝的关系密切，故而成为很多人所梦想的职位。但同时，这个职位的风险也很大，别人担心你借职务之便给自己进谗言，便会找机会报复你，闹不好是要掉脑袋的。所以，张衡对自己的这次升迁，并不感到有多高兴，并认为这个职位会给自己惹祸，便主动请求去东观做一名史官，但顺帝不允许。一次，顺帝问张衡，说“现在天下人最憎恨什么人”。因当时有宦官在场，他们生怕张衡说出自己，便恶狠狠地盯着他。张衡无奈只好胡乱说几句应付了过去。宦官们始终觉得张衡会是他们的绊脚石，便在顺帝跟前搬弄张衡的是非。终于，于东汉永和元年（公元136年），顺帝听从了宦官们的谗言，把张衡打发到河间国做国相去了。

当时河间国国王刘政，骄横奢侈，目无王法。其属国里的豪强地主也横行霸道，无恶不作，老百姓们生活于水深火热中，社会环境十分恶劣。张衡出任河间相后，利用手中所拥有的“治民、进贤、劝功、决讼、检奸”的权力，对不法分子严加治理，把秘密探得的河间国的恶人一一逮捕，河间国的社会风气顿时得到好转。在其为河间相的三年里，百姓安居乐业，没有再发生一起恶性刑事案件。张衡有很深的儒家思想根底，忠于职守，具有强烈的社会责任感。他可以尽职尽责地治理河间国，但对当时被外戚、宦官搅得乌烟瘴气的大汉帝国，他是一点办法都没有，给皇帝的上书，如同泥牛入海，一去不回，且无一点反应。年已花甲的张衡觉得面对整个国家时有种回天无力之感，于是便借楚辞里的香草美人的比兴传统，将当今皇帝比作美人，把自己对美人的艰苦追求比作对帝王的忠心和对国家政治的忧心和改革社会、改革政治的愿望。其诗曰：

我所思兮在太山。欲往从之梁父艰,侧身东望涕沾翰。美人赠我金错刀,何以报之英琼瑶。路远莫致倚逍遥,何为怀忧心烦劳。

我所思兮在桂林。欲往从之湘水深,侧身南望涕沾襟。美人赠我金琅玕,何以报之双玉盘。路远莫致倚惆怅,何为怀忧心烦怏。

我所思兮在汉阳。欲往从之陇阪长,侧身西望涕沾裳。美人赠我貂襜褕,何以报之明月珠。路远莫致倚踟蹰,何为怀忧心烦纡。

我所思兮在雁门。欲往从之雪雰雰,侧身北望涕沾巾。美人赠我锦绣段,何以报之青玉案。路远莫致倚增叹,何为怀忧心烦惋。

——《四愁诗》

鲁迅曾模仿此诗写过一首《我的失恋》,讽刺当时文坛上庸俗无聊的失恋诗作。其诗为“我的所爱在山腰;想去寻她山太高,低头无法泪沾袍。爱人赠我百蝶巾;回她什么:猫头鹰。从此翻脸不理我,不知何故兮使我心惊。//我的所爱在闹市;想去寻她人拥挤,仰头无法泪沾耳。爱人赠我双燕图;回她什么:冰糖葫芦。从此翻脸不理我,不知何故兮使我糊涂。//我的所爱在河滨;想去寻她河水深,歪头无法泪沾襟。爱人赠我金表索;回她什么:发汗药。从此翻脸不理我,不知何故兮使我神经衰弱。//我的所爱在豪家;想去寻她兮没有汽车,摇头无法泪如麻。爱人赠我玫瑰花;回她什么:赤练蛇。从此翻脸不理我。不知何故兮——由她去罢!”从格式、句法上对《四愁诗》进行了模仿。

世乱天下浊　一人独孤愤

——赵壹的《刺世疾邪诗》

清雍正年间，湖北一个贫苦的私塾先生在读书时看到"宁饥寒于尧舜之荒岁兮，不保暖于当今之丰年"一句，深有同感，便用朱笔在旁边批注了"古今同慨"四个字。没想到被人告发后，那位私塾先生被处以死刑，家人也遭流放。清代的文字狱竟酷烈到如此地步。写出让私塾先生深深共鸣的"宁饥寒于尧舜之荒岁兮，不保暖于当今之丰年"的古人，便是东汉汉阳(今甘肃天水)郡的一个小郡吏——赵壹。这两句出自他《刺世疾邪赋》。这是篇抒情小赋，在赋中，赵壹激烈批判了他所生活的那个时代(桓、灵二帝)的种种丑恶：宦官外戚专权、卖官鬻爵、谄佞当道、君子受辱、贿赂吹嘘成风，故而赵壹愤怒地发出不愿存于此种世间的呐喊。

回首桓帝、灵帝时的那段历史，便不难理解赵壹的此种愤慨与激烈。从十岁即位的东汉和帝刘肇起，东汉皇帝们未及成童(15岁左右)便登龙座，殇帝即位时刚满百天。东汉由此便进入了宦官、外戚专权的时代。桓帝刘志15岁即位，直到27岁才凭借单超等五位宦官的帮助从梁氏外戚手中夺回权力。真正掌权后的桓帝十分感念宦官的冒死相助，将五人全部封侯。宦官专权后比外戚还要无法无天，血腥杀戮反对他们的太学生和正直朝臣，一次性将李膺等二百多人抓捕入狱，并永远禁锢他们出仕，制造了历史上有名的党锢之祸。灵帝就更加荒淫无道，"流香河"、"裸游宫"、宫中做买卖等荒诞行径全出自于此位帝王。他将桓帝时就开始的卖官鬻爵进一步公开化，专门在西苑设点，明码标价，公开卖官，如2000石的官价值2000万文，400石的官价值400万文。皇帝宠信的宦官张让的府门外经常停着大量的车马，都是来巴结张让好谋取一官半职的。士人无论贤愚，要想做官一律要花钱从皇帝手中买。当时冀州有个叫崔烈的名士，花了500万文才买到一个司徒的职位。郎中张钧上书检举宦官张让的罪行，却被皇帝斥责，最后被张让打死在狱中。桓灵二帝和他周围豺狼们的罪恶真可以用罄竹难书一词来形容。面对这样的现实，士人中既有如李膺、张俭、范滂、陈蕃等视死如归的志士、斗士；也有看透社会，对之绝望，与政治保持距离的人，比如赵壹，朝廷十次征辟，他均予以拒绝，最后终老于家中。

赵壹身长九尺，魁梧伟岸，英气逼人。然而家境贫寒，其代表汉阳郡去京都上计时，其他上计吏都乘坐华丽高车，只有赵壹所乘坐的车子破旧不堪，无钱住旅舍，便只能将就着在破车旁露宿过夜。他虽然一生只做了个小郡吏，但却是富有才华的人。他上计时，见到主管人名士袁逢，赵壹没有如同其他人那般伏地叩头，只是对袁逢作了个长揖。袁逢觉得此人不同凡俗，便加以询问。赵壹回答说："当年郦食其见到高祖时，也不过弯腰拱手行礼而已。今天我见到三公，作个长揖不也就足够了吗？"袁逢觉得赵壹说得也有道理，便下堂拉其一起同坐，并跟他探讨了西部边境方面的事情。赵壹的回答令袁逢很满意，袁逢对赵壹也格外赏识，甚至对众人说赵壹比起朝中的那些所谓高官来说不知强过多少。赵壹在京都时还拜访了"八顾"之一的羊陟。起初羊陟不肯相见，赵壹便每天都去拜访，羊陟勉强答应相见。当赵壹进门后，羊陟还在睡觉。赵壹立马便放声大哭："我久仰您的高名，怎想还未及见面好好聊聊，您怎么就归天了。"赵壹的举动赢得羊陟的青眼相加。第二天羊陟便亲自回访赵壹。在赵壹的破车下，两人席地而坐，从早上一直畅聊到黄昏。羊陟对赵壹说："您真是块璞玉（未经琢磨的石中玉），终有一天一定有人鼎力荐举您的。"经过袁逢、羊陟的赞美赏识，赵壹即刻名声大振。而有才华的人难免狂傲，赵壹也因此吃了不少苦头。在汉阳郡，赵壹屡屡遭到乡党排挤、陷害，曾数度关进大牢，差点死在里面，多亏友人救助，才保全性命。为此，赵壹还专门作了一篇《穷鸟赋》，以四面受敌、惊惧不安的鸟儿自比，表达对友人救命之恩的感念。

赵壹在乡里遭小人陷害险些丢掉性命，初见羊陟时遭遇冷落，这种冷落或许是因为他的籍籍无名，也许只是因为他的贫穷。加上对汉代社会弊端的洞悉，赵壹才如此愤恨这个世道，借着《刺世疾邪赋》将满腔的愤怒之情喷薄而出，没有遮掩，没有拐弯抹角，一针见血，令人心情大畅。在赋的结尾，赵壹借秦客、鲁生之口唱出两首五言诗，诗歌是《刺世疾邪赋》激情的延续，是整篇赋的有机构成，表达了相近的意涵，如陈祚明所评价的："慷慨之词，情极坌涌"（《采菽堂古诗选》卷四）。人们分别将两首诗命名为《秦客歌》《鲁生诗》，合称《刺世疾邪诗》。其诗曰：

河清不可恃，人命不可延。顺风激靡草，富贵者称贤。文籍虽满腹，不如一囊钱。伊优北堂上，抗葬倚门边。

势家多所宜，咳吐自成珠。被褐怀金玉，兰蕙化为刍。贤者虽独悟，所困在群愚。且各守尔分，勿复空驰驱。哀哉复哀哉，此是命矣夫！

——《刺世疾邪诗》

达士拔俗　神游太清

——仲长统的《见志诗》

仲长统，字公理，山阳高平人。从小聪颖好学，博览群书，富有文学才华。汉献帝建安年间，曾游学青、徐、并、冀，相当于现在的山东、山西、陕西、河北、河南、辽宁、江苏一代。在游学过程中以其卓识高见赢得巨大声誉。并州刺史高干是袁绍的外甥，家世显赫，又喜招贤纳士。仲长统在并州游学时，受到高干的热情款待。高干向仲长统询问时事时，仲长统说："您有雄心大志但缺乏能真正辅佐您的杰出人才。您家里宾客盈门，但你却不能发现真正有用的人才。在现在这样的乱世，你的日子恐怕不会长久了。"一个普通书生对刺史说这样的话，很狂傲不逊，但后来的事实证明仲长统的判断是正确的。高干投降曹操后又叛变，结果被曹操诛杀，身败名裂。这反倒使得仲长统的名声更大了。仲长统识人很准，他对政治、历史的认识也非常深刻，这些观点常与当时的正统之论相悖。例如，他不认同当时早已普遍流行的君权神授的观点，认为权力的取得是靠流血、争夺而来的。天下被一家一姓所拥有后，即使再蠢笨的人也照样可以当皇帝，而再勇武有智慧的平民百姓也只能当个顺民。再如，他认为朝廷应高薪养廉，解除官员的后顾之忧，同时还能使官员有余力拿出自己的俸禄去帮助贫苦人。而目前一味强调廉洁，就会使某些人借廉洁的名声窃得高位，而对国家一无所用，甚至在谋取到高位后肆意地贪赃枉法。在仲长统针砭时弊、直陈良策的著作《昌言》中，还有很多真知灼见，可惜此书只保留下了《理乱》《损益》《法戒》三篇。没有独立的人格、狂傲的个性，便不会产生这些独到的见解。史书上记载，仲长统性格不同凡俗，敢于直言，不迎合人情，不想说话就沉默不语，想说了就会滔滔不绝，率性而为，无所拘束。人们都称他是"狂生"。

身处礼教崩颓、道家思想渐起的建安时代，仲长统思想中的道家思想非常浓重。因其早年游学时便蜚声在外，故而州郡经常召他为官，每次仲长统都称病不去。后来被荀彧举荐在曹操手下当尚书郎，一直未被曹操重用，但在仲长统的作品中却很难发现有怀才不遇的愤恨之情。在仲长统看来，人生苦短，浮名如过眼云烟，与其辛苦奔波，整日蝇营狗苟，不如安居于良田广宅，悠游自在。为此仲长统还专门写了一篇《乐志论》，两首《见志诗》。在《乐志论》中，仲长统描画了一幅悠然惬意的田园隐居生活。在背山临水、竹木环绕的如画美景中，有自己的一片肥沃的土地和宽广舒适的宅院，宅院前有场圃，后有果园。出门有车马可乘，在家有美味珍馐可餐。朋友们时常前来相聚畅谈，天气好的时候，可以去打打猎、钓钓鱼，乘风纳凉，没事了还可以安坐宅中读书养性。如此惬意逍遥的生活，世间还有什么可以与之匹敌。钱钟书先生认为，仲长统的《乐志论》可以称得上是山水意识、山水文学的最早代表。这样便把中国真正山水文学的源头由南朝提早到了汉末。在《见志诗》中，仲长统再次明志，向世人宣告他所追求的是那种“恣心所欲”“纵意容冶”，乘云御风，无所牵累，自由无碍的人生境界，颇得庄子的精髓。有人便将这二首诗视为早期玄言诗。

其一

飞鸟遗迹，蝉蜕亡壳。腾蛇弃鳞，神龙丧角。至人能变，达士拔俗。乘云无辔，骋风无足。垂露成帏，张霄成幄。沆瀣当餐，九阳代烛。恒星艳珠，朝霞润玉。六合之内，恣心所欲。人事可遗，何为局促？

其二

大道虽夷，见几者寡。任意无非，适物无可。古来绕绕，委曲如琐。百虑何为，至要在我。寄愁天上，埋忧地下。叛散五经，灭弃风雅。百家杂碎，请用从火。抗志山西，游心海左。元气为舟，微风为柁。敖翔太清，纵意容冶。

——《见志诗》二首

博学耿直而命运波折的大学者

——蔡邕的《翠鸟诗》

蔡 邕

蔡邕，字伯喈，陈留(今河南开封)人。东汉著名文学家、书法家、古琴家、学者，曾拜左中郎将，故后人又称之“蔡伯喈”“蔡中郎”。曾写过《悲愤诗》的才女蔡琰是其女儿。在后世戏曲里也有个“蔡伯喈”形象反复出现，元代高则诚的《琵琶记》中交代说“蔡邕，字伯喈，陈留郡人氏”。但无论是戏曲中不孝父母、停妻再娶、贪慕权势，最后五雷轰顶而死的蔡伯喈也好，还是忠孝两全、有恩有义的蔡伯喈也好，他们虽然与历史上蔡伯喈的姓名、字号、籍贯都相同，但他们全然是不同的人物。这样的误会在宋代就已经出现了，陆游的《小舟游近村舍舟步归》写道：“斜阳古柳赵家庄，负鼓盲翁正作场。身后是非谁管得？满村听唱蔡中郎。”陆游的小诗写了赵家庄男女老少在斜阳下，听盲者说唱蔡中郎的故事。“身后是非谁管得”一句诗，表现了他对蔡邕身后蒙受不白之冤的深深感慨。

东汉的蔡邕是个笃孝、重情义的人。《后汉书》本传记载蔡邕在侍奉生病母亲的三年里不曾宽衣解带，与叔父从兄弟一起生活，“三世不分财”，赢得乡人的一致好评。对曾经赏识、厚遇过他的董卓，蔡邕不顾众议表达对其死的叹息之情，并因此事被王允送进监狱，送了性命。鲁迅说蔡伯喈是中国历史上第一个吊客，他敢于对国人都说该杀的董卓表示哀悼之情，这种敢于逆众人之口的勇气，正是世人所缺乏的。

历史上蔡邕的音乐才华相当令人叹服。相传《琴操》的作者便是蔡邕。《后汉书》本传记载了蔡邕与古琴间的两段轶事。一是说蔡邕在亡命江海的时候，一次来到一户人家，看到主人正在用桐木烧火做饭，蔡邕听到火烧桐木的声音清脆悦耳，便认定此木必为上等材料，当即从火中抢救下剩余的桐木，并将之制成一把古琴，因为用的是火烧过的桐木，所以琴尾端有烧焦的痕迹，故而这把琴被称为“焦尾琴”。它与“号钟”“绿绮”“绕梁”并称四大古琴。另外一个故事是说蔡邕一次为友人邀请去作客，来到门前时听到主人在弹琴，蔡邕便立住听了一会儿，当他听到琴声中有杀伐之气便立刻抽身而还。后来主人亲自去解释清楚了这件事情，原来是他在弹琴的时候看到了螳螂捕蝉的一幕，而不由得在琴声中表现了出来。受蔡邕的影响，女儿文姬也长于古琴，据说在父亲弹琴时，蔡琰能听出是哪根琴弦断了。这大概与蔡邕对女儿的刻意培养脱不开关系。蔡邕曾在其《女训》中提出应将音乐素养作为女子的必备修养。

蔡邕还是一个直言敢谏的人。董卓篡权后，听说蔡邕博学多识，派人强征蔡邕入朝为官，十分看重蔡邕。蔡邕便趁机向董卓进行规劝，减少他的暴行。受董仲舒天人一体观念的影响，加之东汉谶纬之学盛行，东汉人十分迷信阴阳灾异之说，认为灾害变异是上天对当政者的不满与警告。一次地方上发生地震，董卓便跑去请教蔡邕。蔡邕告诉他是因为他所乘坐的车子规格太高，不是一个大臣所应乘坐的，故而造成了地震。董卓很顺从地改乘形制较为朴素的车子。董卓的残暴是尽人皆知的，但作为一介文人的蔡邕便敢于直指董卓的毛病，勇气非常人可比。以阴阳灾异劝说当政者的事，蔡邕在汉灵帝时也干过。灵帝时经常出现灾害和怪异现象，应皇帝要求，蔡邕上了《对诏问灾异八事》，借阴阳灾异之说劝谏皇帝远离宦官奸佞，批判朝中官吏贪赃枉法、后宫干政的现象。而汉灵帝看后并未采取任何措施。反而此封上书被宦官曹节看后透露给了蔡邕在书表中所点名批评过的恶吏奸宦，于是官宦联手上书陷害蔡邕。灵帝昏庸，不明是非，要将蔡邕下狱处死，幸亏大臣吕强挺身而出，为蔡邕极力辩解，方才免除死刑，发配朔方充军。而那些恶人并未就此放手，他们收买刺客要在途中杀掉蔡邕，刺客感于蔡邕的高风亮节，收了钱后便逃掉了。后又指使监守官加以迫害，监守官反而跑去告诉蔡邕要多加防备。后来，蔡邕被皇帝赦免的回乡途中又得罪宦官王甫的弟弟五原太守王智，为其所迫害。不得已为保全性命，蔡邕逃到江浙地区，亡命江湖十余年。在江浙隐姓埋名的日子里，回首自己遭人陷害、险脱虎口的经历，蔡邕以逃脱猎人陷阱来到君子之庭的翠鸟自比，写下了《翠鸟诗》，其诗曰：

庭陬有若榴,绿叶含丹荣。翠鸟时来集,振翼修形容。回顾生碧色,动摇扬缥青。幸脱虞人机,得亲君子庭。驯心托君素。雌雄保百龄。

诗歌语言浅近明白,没有刻意雕饰,在平易自然的风格中寄托深远的情怀,可谓“深衷浅貌,短语情长”。

熹平石经残片

熹平石经局部

琴瑟和鸣　真情永远

——秦嘉与徐淑的平凡恩爱

在褪尽喧哗的洞房中，看着烛光下端庄美丽的妻子徐淑略带娇羞的面颊，秦嘉那柔情的目光中溢满了对妻子的爱怜与珍惜，他虔诚地祈求上天能够赐福于他们的婚姻：圆满幸福。因两人本为同乡，都是陇西（今甘肃）人，童年又都有过孤苦无依的经历，以及二人对诗文的共同爱好，两个博学多识、才华横溢的年轻人的婚后生活鱼水相欢、如胶似漆。但徐淑体弱多病，所以在繁忙的公务之余，秦嘉便承担起丈夫的责任，竭尽所能、无怨无悔地呵护、照顾着徐淑。原本两人就这样厮守在一起过他们艰辛却美满的生活，但是徐淑看着秦嘉忙碌的身影和日渐消瘦的面庞，不由得心疼起丈夫来，并为自己不争气的身体而深深自责。为了不拖累丈夫，不影响其工作，终于有一天，徐淑在留下一张字条后便悄悄回娘家养病去了。秦嘉不舍得妻子的离去，但自己又公务缠身，也实在没有更好的办法了。好在同在一郡，相隔不远，休假的时候，秦嘉还可以回去看望妻子。通过这件事情，秦嘉深深地体会到妻子的一片深情，为自己能够拥有这样一位知书达理的爱人而感到幸运、自豪。然而就在这一年，秦嘉被委任为陇西郡上计吏，远赴洛阳述职。所谓"上计"，是汉代考察官吏的一种制度，每年年终地方要向中央呈报施政情况，以便中央考核官吏。上计使者通常用一县之长，或郡国所派遣的代表充当。公务紧急，即刻便要启程，而手头的事务又冗杂繁复，无奈之下，秦嘉只好派车去接徐淑来府衙见上临行前的最后一面，并随带附上一封书信表明心意、解释情况。然而徐淑回到娘家后，病情未减反而更加严重，无法随使者一起回府衙亲自与心爱的丈夫告别了。秦嘉带着遗憾离开了陇西踏上去洛阳的漫漫征途。按汉朝的惯例，上计吏中的优秀者，通常会被朝廷留用并任以官职。想到这些，秦嘉不禁地感叹"道路阻且长，会面安可知"，不知何时才能与妻子相见。这些忧虑加重了秦嘉对妻子的思念，于是长歌当哭，秦嘉用饱蘸浓情的笔墨写下了四首深切思念妻子的诗歌，诗文照录如下：

暖暖白日，引曜西倾。啾啾鸡雀，群飞赴楹。皎皎明月，煌煌列星。严霜悽怆，飞雪覆庭，寂寂独居，寥寥空室。飘飘帷帐，荧荧华烛。尔不是居，帷帐何施？尔不是照，华烛何为？

——《赠妇诗》

其一

人生譬朝露，居世多屯蹇。忧艰常早至，欢会常苦晚。念当奉时役，去尔日遥远。遣车迎子还，空往复空返。省书情凄怆，临食不能饭。独坐空房中，谁与相劝勉？长夜不能眠，伏枕独展转。忧来如循环，匪席不可卷。

其二

皇灵无私亲，为善荷天禄。伤我与尔身，少小罹茕独。既得结大义，欢乐苦不足。念当远离别，思念叙款曲。河广无舟梁，道近隔丘陆。临路怀惆怅，中驾正踟蹰。浮云起高山，悲风激深谷。良马不回鞍，轻车不转毂。针药可屡进，愁思难为数。贞士笃终始，恩义不可属。

其三

肃肃仆夫征，锵锵扬和铃。清晨当引迈，束带待鸡鸣。顾看空室中，仿佛想姿形。一别怀万恨，起坐为不宁。何用叙我心，遗思致款诚。宝钗好耀首，明镜可鉴形。芳香去垢秽，素琴有清声。诗人感木瓜，乃欲答瑶琼。愧彼赠我厚，惭此往物轻。虽知未足报，贵用叙我情。

——《留郡赠妇诗》三首

汉画像砖《考绩》

面对丈夫的真情告白，徐淑写下了：

妾身兮不令，婴疾兮来归。沉滞兮家门，历时兮不差。旷废兮侍觐，情敬兮有违。君今兮奉命，远适兮京师。悠悠兮离别，无因兮叙怀。瞻望兮踊跃，伫立兮徘徊。思君兮感结，梦想兮容晖。君发兮引迈，去我兮日乖。恨无兮羽翼，高飞兮相追。长吟兮永叹，泪下兮沾衣。

——《答秦嘉诗》

夫妇二人的诗歌赠答细腻真挚，赢得后人的高度评价。明代胡应麟在《诗薮》中说："秦嘉夫妇往还曲折，具载诗中。真事真情，千秋如在，非他托兴可以比肩。"清人沈德潜《古诗源》评论他们的诗是"词气和易，感人至深"。

除诗歌赠答外，秦嘉、徐淑夫妇还通过鸿雁传书互诉衷情，彼此慰解。现存二人的书信有秦嘉的《报妻书》《重报妻书》和徐淑的《答夫秦嘉书》《又报嘉书》。虽然分隔异地，但两人在生活上仍然彼此关心，秦嘉为徐淑寄去明镜、宝钗、好香、素琴，徐淑则为秦嘉准备了"牦牛尾拂一枚，可以拂尘垢。越布手巾二枚，严器中物几具。金错碗一枚，可以盛书水。琉璃碗一枚，可以服药酒。今奉细布袜一量"。(《又报嘉书》)小小的物件中寄托了二人的深厚感情。

秦嘉后被留京任以黄门郎一职，在去津乡亭(今湖北省江陵县东)执行公务的时候，不幸病故。徐淑听到消息后，如同五雷轰顶，悲痛难耐，但她仍强忍痛苦拖着孱弱的身体远赴湖北，亲自扶柩而归，将丈夫葬在陇西榜罗镇附近的秦家坪。秦嘉死后，徐淑兄长强迫其改嫁，徐淑自毁容貌，发誓不再嫁人。秦嘉逝去带来的悲痛以及改嫁风波，使原本多病体弱的徐淑遭受重创，不久便溘然长逝。秦嘉、徐淑的坚贞爱情以及二人出众的文学才华，虽没有在史书中得到记载，但这段佳话流传至今，得到人们的一致称赞。我们不妨以明代通渭知县、四川举人张二南的《平襄怀古》一诗结束，表达我们对秦嘉、徐淑的钦慕：

汉代上郡掾，秦嘉旧门阀。当年双鸳鸯，诗文俱秀发。离别天之涯，文翰勖名节。生时却金钗，死后葬同穴。扶得旅榇归，矚生抱贞烈。明明鉴形镜，千载照冰雪。夫才共行芳，妇德与才埒。寂寂空山中，意得此双绝。

通渭县秦嘉徐淑主题公园

人伦之始　诸礼之本

——秦嘉《述婚诗》的婚礼文化解读

结婚是件值得高兴的事。古人说“他乡遇故知，久旱逢甘露，金榜题名时，洞房花烛夜”，是人生的四大幸事。可见，结婚是所谓的人生四喜之一。今天人们结婚仍免不了礼炮齐鸣、高朋满座地好好庆祝一番。在新人结婚的那一天，之前的定亲、下聘礼、备嫁妆、择定良辰吉日、安排婚宴等等所有为结婚而付出的操劳与辛苦，在这一刻会一溜烟儿地跑到九霄云外，剩下的只有满满的喜悦与幸福。面对婚姻，有人会说婚姻是爱情的坟墓，有人会说婚姻是恋情的美丽果实。无论这是怎样相反的看法，在今天大多数人看来，婚姻只是关乎当事双方的感情而已。而让我们穿越两千多年的光阴，来到汉代，看看当时的新人是怎么办婚礼，怎样看待婚姻的。秦嘉的《述婚诗》无疑是个绝好的例子。其诗曰：

群祥既集，二族交欢。敬兹新姻，六礼不愆。羔雁总备，玉帛戋戋。君子将事，威仪孔闲。猗兮容兮，穆矣其言。

纷彼婚姻，祸福之由。卫女兴齐，褒姒灭周。战战竞竞，惧德不仇。神启其吉，果获令攸。我之爱矣，荷天之休。

诗人秦嘉用了四言体的形式赞美了婚礼的完备、充分、隆重，以及对婚姻的美好祝愿，对婚姻意义的高度认识。在汉人那儿，四言诗是一种极为端庄、郑重的文体形式，其往往成为汉人言志的载体。因为这是汉人所推重的经学典范之一——《诗经》的基本句式结构，在复古心态弥厚、经学大行其道的时代，其价值和地位便可想而知了。

汉代婚礼承续周代婚礼而来。在具体程序上包括“纳采”“问名”“纳吉”“纳征”“请期”“亲迎”等六个程序，即《仪礼·上昏礼》中所规定的“六礼”。“纳采”，相当于我们所说的“提亲”，是男方家请媒人到女家提亲，得到允诺后，派使者到女方家致辞，并送出礼物（雁）。在古代商定婚事的过程中，必须要通过媒人交往，所谓“父母之命，媒妁之言”。这种在今天看来颇为陈腐的礼俗，在当时社会自有其积极意义。将婚姻纳入礼法的框架中，充分体现了婚姻的慎重、严肃，是文明的象征。据现存史料考证，媒妁婚俗早在东周时期便已确定下来，《诗经·齐风·南山》中便有“析薪如之何？匪斧不克。取妻如之何？匪媒不得”这样的诗句。“问名”，即询问女方的姓氏，以避免出现同姓结婚的情况。“纳吉”，是在男方家得到女子姓名、八字等信息后进行占卜，如果得到吉兆，就告知女方。“纳征”，类似今天的“订婚”，双方的婚姻关系就此确定下来。纳征时通常送的聘礼是五匹帛、两张鹿皮。“请期”，是在男方家通过占卜选定结婚的良辰吉日的情况下，为表示尊重，向女方家征求婚期的行为。“亲迎”，是男方到女方家迎娶新娘的过程。因为此环节是婚礼的核心，且古人一般在昏时新郎前往迎娶，新娘因之而来，所以后世的婚姻一词由此而来。作有《列女传》的刘向认为，婚姻程序是不可马虎的，在其书中收录了先秦时召南女子申氏因夫家婚礼不完备而拒绝婚事的事迹。在记完故事后，刘向大加赞扬。秦嘉《述婚诗》也在强调“六礼不愆”，由此看得出《列女传》对他的影响。《列女传》问世后，以插图、画像石、琴曲等形式得到广泛传播，在西汉末年时，《列女传》便已传播到了边疆地区，《敦煌汉简校文》中就有“□□分列女传书”，其对汉人的影响是巨大而深远的。

《礼记·昏义》认为“婚姻者，合二姓之好，上以事宗庙，而下以继后世也”。为了保持宗族昌盛、人丁兴旺、维系人伦，汉人认为同姓之间是不可以结婚的，所以婚姻要合二姓之好，是两个不同家族间的通婚，婚姻不是二人感情的瓜熟蒂落，而要担当相应的社会责任：沟通融洽两个家族间的关系（即所谓的“二族交欢”），祭祀祖先、繁衍后嗣，承担起传承家族的义务。所以，在面对婚姻时，汉人更多的是一种敬慎、庄严的姿态。

在儒家观念里，家国一体，家国同构，所谓“忠臣出于孝子之门”，极为重视家庭伦理、社会教化。而在家庭中最具主导性的关系便是夫妇，夫妻恩爱，家庭便和睦，子女就能得到良好的培养教育，社会就会因此少些不安定的因素，社会风气也会纯正起来，从而使国家得到安定。这大概也就是汉儒在《诗大序》中所说的“经夫妇，成孝敬，厚人伦，美教化，移风俗”吧！故而，婚礼被汉人视为诸礼之本。而在中国传统的男主外女主内的婚姻模式中，女性决定了婚姻的质量，而处在最高权力阶层者的婚姻还可能决定一个国家的命运，正如历史上卫姬的聪慧、善解人意成就了一代霸主齐桓公，而妩媚谗慝的褒姒加速了宗周的灭亡一般。汉代正统儒家婚姻思想尤重女子之德而非女色，故而班昭在其《女诫》中开列女子行为标准的“妇行”时，将妇德放在首位，所谓的“妇容”也不是强调女子的美丽，而是说女子鲜洁、整齐、干净即可。

文为肤　忠为骨

——孔融的《临终诗》

建安十三年(公元208年),曹操以不忠不孝、大逆不道的罪名杀害了孔融。临刑前,孔融对其兄长说:"如果人死后有知,那我死了就能够见到已故的父母,岂不是一件好事。"然后延颈就刑,毫无惧色。孔融临终前作了一首诗,名为《临终诗》,其诗曰:

言多令事败,器漏苦不密。河溃蚁孔端,山坏由猿穴。涓涓江汉流,天窗通冥室。谗邪害公正,浮云翳白日。靡辞无忠诚,华繁竟不实。人有两三心,安能合为一。三人成市虎,浸渍解胶漆。生存多所虑,长寝万事毕。

孔　融

孔融学识渊博,却不长于作诗,流传下来的诗歌也寥寥无几。这首《临终诗》质朴无华,然而情蕴深厚,历来深得赞誉。胡应麟云:"词理宏达,气骨苍然,可想见其人。"(《诗薮》外编卷一)陈祚明则谓:"结语真忠臣之心,苟能生存,此虑不释。诗至此,可谓能见志矣。"(《采菽堂古诗选》卷四)苏轼称之"慨然有烈丈夫之风"(《乐全先生文集叙》)。实际上,想杀孔融的不止曹操,之前的何进、董卓都想除掉他,却都没下手。曹操有胆量杀了孔融,也就从此成了文人声讨挞伐的对象。孔融和曹操的关系缘何要以鲜血画上句号。陈寅恪先生说得明白，他说曹操出身寒族，属于阉宦阶级，而且鄙弃儒术；孔融出身名门，秉承儒家思想，对汉王朝忠心不二。二者在思想、价值观念、政治追求等方面的差异，决定两人必定是处在不同轨道上的，而汉末乱世硬是将二人揉到了一起。孔融也就成了建安七子中的异类，成了七子中唯一一个与曹操过不去的人。

孔融4岁让梨，在今天已是人尽皆知的故事。10岁时，在无人引荐的情况下，孔融只身拜访的名士李膺，并被李膺盛赞，称其日后“必为伟器”。灵帝末年步入仕途，因坚持反对董卓废少帝刘辩为弘农王，被董卓派往北海镇压黄巾军。而孔融毕竟只是一介书生，对打仗一窍不通，数次被黄巾军围困而毫无办法。在青州刺史任上，孔融又被袁谭攻破城池捉住妻子儿女，落得个只身逃跑。孔融并非庸蠢无能之辈，在北海任上，曾设立学校，推行儒家思想，安定社会，发展生产，取得一定成绩。但是他的政治理想与政治设计同那个巧取豪夺、以武力解决一切的时代合不上拍子，最后只能遗人笑柄。

孔融对汉家王朝一直忠心耿耿。当初有人劝其在袁绍与曹操两雄之间早做选择，以求自保，孔融拒绝此人的建议，甚至将之处死。后来无论是他称赞曹操也好，故意跟曹操唱反调也好，都跟他的汉室情结脱不开关系。曹操将汉献帝接到许昌，挟天子以令诸侯，孔融与曹操因此而同朝并立。孔融看到曹操平定叛乱、安定社稷的功绩后，对曹操不吝称赞，作诗曰：“瞻望关东可哀，梦想曹公归来”。而当他看清曹操的政治野心后，他便处处与曹操作对。曹操要去讨伐刘表，孔融上书反对，希望保存住刘表，以便牵制曹操。曹操要大建邺城作为自己的大本营时，孔融以古人关于王都形制规定约束其规模。孔融还常抓住曹操的把柄予以讥笑。曹操将袁氏儿媳甄氏赐给儿子曹丕时，孔融写信给曹操说“武王伐纣，把妲己赐给了周公”。曹操问起此事来时，孔融笑说：“以现在发生的事瞎猜而已。”曹操下令禁酒，孔融便又作书给曹操说，既然你说酒可以亡国，那古人还说红颜祸水呢，何不一起把女人也禁掉。曹操要远征乌桓，孔融又嘲弄曹操说：“大将军远征，何不顺便把肃慎（商周时的一个部落）不向周武王贡奉楛矢（一种贡品）的事，以及丁零（匈奴的一个部落）盗苏武羊的事一起解决！”孔融正是借戏谑笑傲的文字发泄对曹操的怨愤之情。正如鲁迅所说的：“肚子里总还有半口闷气，要借着笑的幌子，哈哈地吐他出来。”（《伪自由书·从讽刺到幽默》）曹操屡屡被孔融奚落，一忍再忍，忍无可忍，终于下决心除掉孔融。他指使郗虑搜罗孔融的罪证，郗虑很快便收集来孔融曾经的狂言妄语，如“有天下者，何必卯金刀(即刘)”“母亲生子如瓶中寄物”“父子无亲,实为情欲发耳”。借着这些狂语,曹操将不忠不孝、大逆不道的罪名堂而皇之地扣到孔融的头上,名正言顺地杀掉了孔融及其妻子和两个儿女。

孔融的《临终诗》表达了其维护汉室王朝而事业未竟的遗憾,对穷途末路的汉朝的悲伤,以及自己凛然赴死的洒脱。诗歌前两句反思自身行为,何以未能完成维护汉室的使命。接下来表达了对汉朝不可避免的没落、汉朝的黑暗的清醒认识,并为自己所遭受的冤屈而悲鸣。诗歌最后两句表达对生死的旷然达观,不失名士风范。故而刘熙载在其《艺概》中说:“遒文壮节,于汉季得两人焉:孔文举、臧子源是也”,可谓持论中肯。

名士播迁　诗赋乱离

——王粲的《七哀诗》

王粲，字仲宣，山阳郡高平县（今山东邹县）人，出身官宦世家，曾祖父和祖父都曾位列三公，均为一时名流。其祖父王畅是与陈蕃、李膺齐头并肩式的人物，当时太学生中流传这样一句话："天下模楷李元礼（膺），不畏强御陈仲举（蕃），天下俊秀王叔茂（畅）"。王粲在荆州投奔依附的刘表曾是王畅的学生。《三国志》记载王粲貌丑然而天资聪颖，过目不忘。道旁路过的石碑上的碑文一经过目便能一字不差地背诵出来。在建安七子中，王粲的成就最高，刘勰称其为"七子之冠冕"。王粲的《七哀诗》与《登楼赋》，格调悲凉，沉郁顿挫，堪称建安风骨的典范。《七哀诗》是王粲在不同时期所完成的组诗之名，共有三首，是步入社会后的王粲对社会现实的反映与思考。

《七哀诗》的第一首的这样写的：

> 西京乱无象，豺虎方遘患。复弃中国去，远身适荆蛮。亲戚对我悲，朋友相追攀。出门无所见，白骨蔽平原。路有饥妇人，抱子弃草间。顾闻号泣声，挥涕独不还。未知身死处，何能两相完？驱马弃之去，不忍听此言。南登霸陵岸，回首望长安。悟彼下泉人，喟然伤心肝。

此诗作于王粲投奔荆州刘表的途中，反映的是军阀混乱、民不聊生的乱世流民景象。这首诗的写作，并非是贵公子的主观臆想，而是以王粲人生中的两次流亡迁徙经历为基础的。董卓进洛阳后，随意废立皇帝，乱杀无辜，其军队也对洛阳百姓烧杀抢掠，无所不为。地方割据势力以讨伐董卓的名义趁机膨胀。于初平元年（公元190年）董卓挟持汉献帝迁徙长安，并将洛阳及其附近的百姓和官吏一起驱赶至长安。王粲亦随之迁徙至长安。迁徙途中的生民百态与乱离之景给少年王粲留下深刻的印象。其后董卓被王允与吕布联手杀死，董卓部将李傕、郭汜发动叛变将王允杀死，之后他们之间又相互争斗杀戮，使社会陷入一片混乱之中。《后汉书·董卓传》记载说“是时谷一斛五十万，豆麦二十万，人相食啖，白骨委积，臭秽满路”。通货膨胀、人与人相食、尸横遍野的景象惨不忍睹。初平三年（公元192年）为避战乱，王粲决定从长安逃往当时唯一没有战争的荆州，投靠名士刘表。在避难逃亡的过程中，千里无鸡鸣、白骨露于野的景象，人命微贱如蝼蚁的现实再次撞击着王粲的灵魂，于是便写下这首诗抒发喟然伤心之情。

在刘表处，王粲待了十五年，起初他的政治热情相当高涨，将荆州视为自己的家乡，为刘氏政权积极建言献策。无奈刘表“非霸王之才”，苟安一隅以自保。才华之士如霍峻、向朗、李严、王粲等人都未能受到重用。刘表看人重貌不重才，起初刘表打算将女儿嫁给王粲，但又觉得王粲形貌丑陋没风度，便将女儿嫁给了王粲的族兄王凯。此事令王粲颇为愤恨。远离故土、才能得不到发挥，愈到在荆州的后期，王粲的心境愈加低落，于此时创作了著名的《登楼赋》抒发怀才不遇、思念故土的情怀，以致形成后来“王粲登楼”的典故。与《登楼赋》表达同样情绪的是其《七哀诗》的第二首，其辞曰：

荆蛮非我乡，何为久滞淫？方舟溯大江，日暮愁我心。山冈有余映，岩阿增重阴。狐狸驰赴穴，飞鸟翔故林。流波激清响，猴猿临岸吟。迅风拂裳袂，白露沾衣襟。独夜不能寐，摄衣起抚琴。丝桐感人情，为我发悲音。羁旅无终极，忧思壮难任。

刘表病逝后，其子刘琮继位。在曹操大军压境的情况下，王粲等劝说刘琮归降曹操，王粲亦随之进入曹氏政权中。因王粲劝降有功，被曹操辟为丞相掾，赐爵关内侯，由此开始了王粲发达的人生。在当时曹魏政权的文人中，王粲是唯一一个始终得到曹氏政权认可并委以重任的文人。王粲也以其文学才华加入曹氏的邺下文人集团，并深受赏识。据《世说新语》记载，王粲死后，曹丕带头在王粲墓前学驴叫，以祭慰生前喜好驴鸣的王粲。王粲在曹氏政权供职的八年中，曾追随曹操出兵打仗，并在此过程中写下了一批从军诗，这些诗歌在其后期大量的奉制唱和诗作中显得格外耀目。《七哀诗》的第三首诗也是这种类型的诗歌，其辞曰：

边城使心悲，昔吾亲更之。冰雪截肌肤，风飘无止期。百里不见人，草木谁当迟。登城望亭燧，翩翩飞戍旗。行者不顾反，出门与家辞。子弟多俘虏，哭泣无已时。天下尽乐土，何为久留兹。蓼虫不知辛，去来勿与谘。

草木有本心　何求美人折

——嵇康的《幽愤诗》

一个彪形大汉将手中的大刀又一次好好擦拭了一番，以备一会儿临刑时用。汉子的眼睛里流露着嗜血的贪婪。离他不远的地方，一个身着囚服、头发凌乱，却又俊雅的男子在抚弄古琴，他的琴声令在场的人深深沉醉。抚琴的人就是今天刽子手要杀戮的人：嵇康。嵇康弹奏的曲子即是千古名曲《广陵散》。据《晋书·嵇康传》记载，此曲是嵇康在一次月下弹琴时，为一仙人所传授的。而据余嘉锡先生考证，《广陵散》之曲在嵇康之前和之后都有流传。曲子弹罢，嵇康不无怅然地说："袁孝尼曾想跟我学《广陵散》，我当时没舍得教给他，《广陵散》从此就失传了。"或许这里要说的是，后世再也无人像嵇康那样将《广陵散》弹得出神入化了。

嵇　康

嵇康好友吕安的美丽妻子被其兄吕巽灌醉后强奸，吕安跟嵇康商量要将吕巽告到官府。嵇康以家丑不易外扬为理由劝阻了吕安，并从中斡旋劝兄弟二人和好。吕巽反倒恶人先告状，凭借其与司马昭宠信钟会的关系，诬告吕安不孝，在家殴打自己的老母亲。嵇康知道吕巽的行径后，立即写信与之绝交。随后，吕安被流放边地。在流放途中，吕安写信给嵇康，言辞激烈，引起司马昭的不满。又因吕安事件中，嵇康挺身而出，为吕安作证。司马昭趁机将一直不与之合作，故而对其愤怒已久的嵇康抓捕入狱，胡乱安上几个罪名与吕安一起杀掉了。嵇康之死可以说是司马氏政权的一个毒辣阴谋。在狱中，嵇康回首平生，写了一首《幽愤诗》，对自己的一生做了唯一也是最后一次总结，其诗曰：

> 嗟余薄祜，少遭不造。哀茕靡识，越在襁褓。母兄鞠育，有慈无威。恃爱肆姐，不训不师。爰及冠带，冯宠自放。抗心希古，任其所尚。托好老庄，贱物贵身。志在守朴，养素全真。曰余不敏，好善闇人。子玉之败，屡增惟尘。大人含弘，藏垢怀耻。民之多僻，政不由己。惟此褊心，显明臧否。感悟思愆，怛若创痏。欲寡其过，谤议沸腾。性不伤物，频致怨憎。昔惭柳惠，今愧孙登。内负宿心，外恧良朋。仰慕严郑，乐道闲居。与世无营，神气晏如。咨余不淑，婴累多虞。匪降自天，寔由顽疏。理弊患结，卒致囹圄。对答鄙讯，絷此幽阻。实耻讼冤，时不我与。虽曰义直，神辱志沮。澡身沧浪，岂云能补。嗈嗈鸣雁，奋翼北游。顺时而动，得意忘忧。嗟我愤叹，曾莫能俦。事与愿违，遘兹淹留。穷达有命，亦又何求。古人有言，善莫近名。奉时恭默，咎悔不生。万石周慎，安亲保荣。世务纷纭，祗搅余情。安乐必诫，乃终利贞。煌煌灵芝，一年三秀。余独何为，有志不就。惩难思复，心焉内疚。庶勖将来，无馨无臭。采薇山阿，散发岩岫。永啸长吟，颐性养寿。

诗歌反复诉说自己的性格与志向，并反思自己因吕安事件被牵连的原因，诸如识人不善、好臧否人物、生性顽疏、名声太盛等。结合嵇康的一生来看，他对自己的定位和反思在一定程度上还是较为准确的。

嵇康幼年丧父，在母亲和哥哥的疼爱下长大，宽松的成长环境使嵇康养成了疏放不拘的个性，受儒学的影响也相对较小。他以老庄为师，重视个体生命，强调生命个性的自然真实，渴望与世无争、悠闲安逸的山水田园生活。他不喜欢官场上的迎来送往与“日理万机”，更不喜欢正儿八经地穿上官服，受府衙里种种规矩的约束。他喜欢自由自在、没有拘束的生活，可以十天半月不洗脸不洗头，可以等到身上奇痒了才去洗澡，可以睡睡懒觉，可以与朋友在丰草长林中啸傲弹唱，或是彻夜长谈。还可以言语无忌，对看不惯的人和事，甚至是儒家的至圣先师，如文王、武王、周公、孔子等，都直言不讳地加以抨击。在清明之世，嵇康的这些喜好或许没什么，但在当时的政治环境下，这些都完全可以把他送上断头台。

嵇康自我反思时说自己被杀也是因为名声太盛，没能好好领会庄子“为善无近名，为恶无近刑”的养生教导的缘故。嵇康长得一表人才，英俊、洒脱、玉树临风、刚柔相济。史书记载嵇康身长七尺八寸（约1.88米），龙章凤质，天质自然，如挺立之孤松，其醉也，又如玉山之将崩。据说14岁的赵至，在洛阳偶遇嵇康后，被嵇康的潇洒风度所吸引，于是投到嵇康门下做起了学生。嵇康不仅有俊朗的外表，而且才华横溢，诗文书法古琴样样精通，并写有《琴赋》《声无哀乐论》等音乐理论著作。据说嵇康十多岁时写的《游山九吟》被魏明帝看到后，大为叹赏，并意欲寻找到此作作者授予其官职。再如钟会很早便仰慕嵇康，曾想将自己写的《四本论》拿给嵇康看，但又怕嵇康瞧不上，便远远地扔给嵇康后迅速逃离。二十多岁时，嵇康娶了魏宗室女（据说是沛穆王曹林的孙女），与之婚后，嵇康成了曹魏的中散大夫。但以嵇康的秉性，不过是挂个中散大夫的名而已，大半时间都在闲居。司马氏代魏后，曾力邀嵇康出仕，但嵇康拒绝后逃往河东隐居起来。其好友山涛在司马氏政权里任职后，推荐嵇康出来做官，嵇康立即写了《与山巨源绝交书》，陈述拒绝出仕的理由。依照嵇康临终将儿子托付给山涛而非自己的哥哥嵇喜的情况看，很可能与山涛绝交是假，借绝交书给司马政权传话才是真的。实际上，山涛推举嵇康出仕很有可能就是司马昭的意思。嵇康隐居后，以打铁为生，司马昭的宠信钟会前去拜访，嵇康对之不加理睬，让钟会尴尬地看了半天的打铁后灰溜溜地走了。钟会此行的目的应不会是跑来跟嵇康学打铁技术的，但具体来干什么，史上没有记载。凭着司马昭对无辜的嵇康痛下毒手来看，或许钟会又是奉司马昭之命前来“招安”的。盛名之下，又不能为朝廷所用，甚至也不被其所笼络，反而对其流露出深深的蔑视，这注定了嵇康的悲剧。但毒蛇的毒气或可使兰草凋零，但终究改变不了兰草的君子之质，嵇康在《幽愤诗》里对自己加以反思后，末尾表明自己所追慕的依然是“采薇山阿，散发岩岫。永啸长吟，颐性养寿”的生活。

唐·孙位《高逸图》之竹林七贤局部

清·任伯年《竹林七贤图》

女性诗歌

汉魏身处封建社会前期，社会风气相对自由、民主。这样的社会风气也为妇女提供了超出家庭之外更广阔的舞台，汉代著名的锦车冯夫人（名嫽）尊奉汉庭之命，以使节身份代表公主访问西域各国，是风云一时的著名女外交家。在加强中国对西域的控制，沟通中国与外部联系方面做出不可磨灭的贡献。王昭君的出塞也并非后世所杜撰的，由画师一手遮天造成的悲剧。而当时的汉庭竟能将一个普通的宫女充作公主嫁给匈奴王，从中不难看出汉匈国力强弱的巨大对比。汉代的女文学家就更多了，有班婕妤、曹大家、蔡琰、甄妃等。其中蔡琰的《悲愤诗》在文学史上更是占有特殊的地位。让我们回味这些闺阁诗篇，走进传奇时代造就的传奇女性吧。

汉代那些和番的女子们

汉高祖元年(公元前200年),刘邦率军与匈奴人战于平城(今山西大同)白登山,被困七日七夜,后用陈平的计策才险脱虎口。面对骄横强大的匈奴和汉初积弱积贫的局面,刘邦采纳刘敬的建议,于公元前200年选派一名宗室女子为公主与匈奴和亲。和亲后,匈奴虽然仍旧侵扰汉朝边境,但终究没有大的战患。而由此开始了汉朝与少数民族政权间的和亲历史,至少有13位公主走上了和番的道路。她们中很多人就此湮没无闻,而留名青史至今为我们所知的,除了大名鼎鼎的王昭君(避晋文帝司马昭之讳,又称王明君)外,还有江都公主刘细君和解忧公主。这些公主以及解忧公主的侍女,人称冯夫人的冯嫽,用她们的青春与幸福为民族的和平友好做出巨大贡献。

刘细君本为江都王刘建的女儿。刘建密谋造反,事情泄露后自缢身亡,其妻子受连累而亦被处死。汉武帝念及刘细君年龄尚小,又乖巧聪明,便收留下来。公元前105年,乌孙昆莫(乌孙国王的称号,又称昆弥)猎骄靡向汉武帝提出和亲要求。这是因为乌孙人看到了汉朝强大的实力,从而接受了之前使者张骞提出的友好和亲、共击匈奴的建议。汉武帝非常高兴,便将美丽聪颖的刘细君以公主身份嫁给猎骄靡昆莫。临行前,汉武帝为刘细君准备了丰厚的嫁妆,并派乐师随行以消解刘细君旅途的寂寞。刘细君嫁到乌孙后,乌孙昆莫见到刘细君后大为欢喜,名之为“柯木孜公主”(意思是白净美丽,如同马奶酒一般的公主)。刘细君的随行工匠为她修建了宫室,每逢节日时,刘细君总会宴请乌孙国的贵族臣僚,并赏赐给他们从中原带去的丝帛钱财。刘细君与乌孙国上层人士的紧密往来,加强了汉王朝和乌孙国的关系。因猎骄靡昆莫年龄太大,婚后一年老昆莫便离开了人世。按照乌孙国习俗,刘细君需要嫁给乌孙的新昆莫——猎骄靡昆莫的孙子岑陬军须弥。这在乌孙人看来是自然而然、天经地义的事情,但对自幼便接受中原文化的刘细君而言,这无疑是极大的耻辱。不知该怎样处理的刘细君便上书汉武帝，请皇帝定夺，汉武帝回信："从其国俗，欲与乌孙共灭胡。"收到武帝的回信，刘细君选择遵从国家大义，自愿嫁给了岑陬昆莫，并与之生育了一个女儿少夫。刘细君因产后失调，心情抑郁，不久便病逝了。

在刘细君去世后，汉武帝又将曾参与吴楚七国之乱的楚王刘戊的孙女刘解忧嫁给了岑陬。在岑陬死后，遵照当地习俗，刘解忧又嫁给了翁归靡昆莫及泥靡昆莫。解忧公主在乌孙的五十多年里，曾多次派侍女冯嫽为使者出使西域各国，密切了西域各国同汉朝的关系。又在乌孙国的历次政治动荡中，积极消除排汉势力，如暗杀有着匈奴血缘的泥靡昆莫，联合各方势力取缔有着匈奴血缘的乌就屠政权，最后确立自己的儿子元贵靡为乌孙大昆莫，使汉朝的影响在乌孙国取得优势。在元贵靡死后，年近七十的解忧公主上书汉宣帝，表达对故土的思念，请求回到汉朝。汉宣帝派人将解忧公主和她的三个孙子女接回长安，并赏赐大量田地奴婢和居宅。两年后(公元前50年)解忧公主葬于长安。

江都公主与解忧公主前赴后继为汉朝与乌孙国的关系做出巨大努力，她们的贡献丝毫不亚于攻城略地、运筹帷幄的将军们。而在历史的光鲜形象背后，一个柔弱女子背井离乡身处塞外，在言语不通、风俗迥异、环境恶劣的情况下，她们内心的孤独寂寞，落寞伤感的情怀又会有几人知晓。刘细君的《悲愁歌》便唱出了这样的心境，以致汉武帝听后都不禁心生怜悯，吩咐左右每隔一年就给刘细君送去锦绣布帛予以慰藉。其辞曰：

吾家嫁我兮天一方，远托异国兮乌孙王。庐为室兮毡为墙，以肉为食兮酪为浆。居常土思兮心内伤，愿为黄鹄兮还故乡。

——《悲愁歌》

汉元帝即位后便屡屡发动对匈奴的战争，最终消灭了一直不合作的郅支单于的力量。一直对汉友好的呼韩邪单于趁机入朝拜见元帝，表示愿为汉家女婿，与汉朝永结同盟。汉元帝非常高兴，便以次年为竟宁元年，将后宫良家子王昭君嫁给单于。呼韩邪单于十分高兴，命王昭君为"宁胡阏氏"。在呼韩邪单于死后，王昭君嫁给了复株累若鞮单于。两代单于都奉行对汉友好政策，王昭君的匈奴支系的亲属对汉匈友好也做出了重要贡献。在王昭君出嫁后的几十年里，汉匈边境上从未发生过战争。

王昭君的事迹在《汉书》的《元帝纪》和《匈奴传》中都有记载，但都一笔带过，只留给后人一个干瘪的人物名字。而到了《后汉书》中，关于王昭君的记载生动起来，称王昭君入宫后不被宠幸而幽怨满腹，于是在单于请婚之际，便主动请求出塞和亲，而离宫前她的美丽惊艳令汉元帝后悔不已。这样的记载也出现在了相传为蔡邕所作的《琴操》（也是最早记录王昭君《怨旷思惟歌》）一书中。到了小说《西京杂记》里又增添了一个人物画师毛延寿，说因王昭君不肯贿赂画师毛延寿而遭丑化，从而在后宫中受到冷落，积怨满怀故而才自动请行的。而晋代石崇的《王明君辞》甚至篡改了史实，说是在汉弱匈奴强的情况下，王昭君被迫出塞以安社稷的。到了元明清的戏曲里，人们又将昭君故事改编成了爱情剧，将王昭君思念故土的情怀拉到了对君王汉元帝的忠贞与思念上来。王昭君的思念之情在相传为其所作的《怨旷思惟歌》中就有所表现，其辞曰：

秋木萋萋，其叶萎黄。有鸟爰止，集于苞桑。养育羽毛，形容生光。既得升云，获幸帷房。离宫绝旷，身体摧藏。志念抑沉，不得颉颃。虽得委食，心有徊徨。我独伊何，来往变常。翩翩之燕，远集西羌。高山峨峨，河水泱泱。父兮母兮，道里悠长。呜呼哀哉，忧心恻伤。

——《怨旷思惟歌》

清·倪田《昭君出塞图》

然而这首诗的可信度遭到人们的质疑，因为诗中有一句“翩翩之燕，远集西羌”的诗句，不符合历史实际存在。王昭君的和亲对象是匈奴的呼韩邪单于，而非羌人。羌乱成为汉朝的心腹大患是东汉的事了，故而这首伪托之作大概出现于东汉。

嘉德懿范　温柔敦厚

——班婕妤的《怨诗》

对于人与人的缘分，我们何尝不希望能抹去一切背叛、遗弃、悲伤与痛苦，只保留初见时那般温馨、真诚与美好。如此，应该是怎样的一种美丽人生。然而现实总不那么美好，甚至往往疮痍满目，古乐府歌辞《怨歌行》中浓缩的便是现实的焦虑、无奈与痛苦、无助。诗歌是这样写的：

> 新裂齐纨素，鲜洁如霜雪。裁为合欢扇，团团似明月。出入君怀袖，动摇微风发。常恐秋节至，凉飙夺炎热。弃捐箧笥中，恩情中道绝。

此诗相传是汉成帝宫廷中的著名才女班婕妤所作，委婉表达了为皇帝所抛弃的悲凉心境。班婕妤，生卒年、名字均已不可考证。婕妤是其为汉成帝宠幸时赐予的嫔位，后人便以之来称呼她，以致遗忘了她真正的名字。她出身于楼烦（今山西宁武附近）班氏家族，父亲班况驰骋疆场，功勋卓著，官拜左曹越骑校尉。后辈子侄中有班彪、班固、班超、班昭等杰出英才，可谓芝林玉树生于其庭，令汉代的班氏家族熠熠生辉。成帝即位选妃时，在经过严格的挑选后班婕妤被选入宫，入宫之始仅为小小少使，后为成帝所爱幸，封为婕妤，位仅次于皇后、昭仪。成帝对班婕妤的爱幸，不仅是对其容貌的爱悦，还包含着对班婕妤才学德行的钦慕。然而成帝终究不是楚庄王、齐桓公，不过是一个胸无大志的庸主。待妖冶妩媚的赵氏姐妹入宫后，成帝昏庸好色的本性被彻底地激发出来，甚至为讨好赵飞燕而不惜杀子，以致后嗣无人。在赵氏姐妹的谗言陷害下，成帝废掉许皇后，班婕妤凭借机智应对逃过一劫。当成帝责问班婕妤行巫蛊之术诅咒后宫与皇帝一事时，班婕妤辩解说："妾闻生死有命，富贵在天，修正尚未得福，为邪欲以何望？若使鬼神有知，岂有听信谗言；倘若鬼神无知，则谗言又有何益？

妾不但不敢为，也不屑为。”此事之后，唯恐赵氏姐妹的再次加害，班婕妤自请去长信宫侍候太后，远离了薄情寡义的汉成帝，也远离了后宫里的尔虞我诈、是是非非。《怨歌行》或言《团扇诗》便是在这种情况下创作出来的。诗歌以团扇自比，书写得宠、失宠的人生际遇，对失宠后“恩情中道绝”的痛苦表达得怨而不怒，颇得儒家礼教温柔敦厚之旨。这首诗奠定了班婕妤在汉文学史上的地位，明代胡应麟在其《诗薮》中说“班姬团扇，文君白头，徐淑宝钗，甄后塘上，汉魏妇人，遂与文士并驱”。胡应麟将班婕妤的《团扇诗》、卓文君的《白头吟》、徐淑的《答夫秦嘉诗》、甄宓的《塘上行》视为汉魏时期女性诗人中的杰出代表作。《团扇诗》在后世的影响也颇为广大，“团扇”或言“班扇”在后世成了失宠佳人的象征。“团扇”一词在后世怨情诗中反复出现，如李百药的《妾薄命》、唐太宗妃徐惠的《长门怨》、李嘉佑的《古兴》、萧纲《有所思》、谢朓《和王主簿季哲怨情诗》等，最有名的是王昌龄的《长信秋词》，“奉帚平明金殿开，且将团扇共徘徊。玉颜不及寒鸦色，犹带昭阳日影来”。

班婕妤除却她非凡的文学才华外，使她留名青史的还有她皎如日月的德行。曹植在他的《班婕妤赞》中说：“有德有言，实惟班婕。”班婕妤自幼受到良好的教育，喜文好诗，通今博古，《窈窕》《德象》《女师》等箴谏之篇能倒背如流。天资聪颖加上后天的良好教育成就了一代才女——班婕妤。《隋书·经籍志》载有《班婕妤集》一卷，后于唐代亡佚。现存班婕妤的作品有《自悼赋》《捣素赋》《怨歌行》。同时，也成就了班婕妤贤淑温婉的品性。在汉成帝还留恋于班婕妤的时候，一次在后花园中，成帝邀班婕妤同坐一辇时，班婕妤婉言谢绝，说：“看古代的图画，圣贤之君都有贤臣陪伴，夏、商、周三代的亡国之君才由美女陪伴，如果君王与我同辇，这不就意味着您与他们相同了吗？”太后听了此事后，说“古有樊姬，今有班婕妤”。樊姬是历史上曾经辅佐楚庄王称霸的贤妃，太后的评价可以说是对班婕妤的高度认可。在失宠后，避处长信宫，不妒不忿，就连抒写内心愁苦的诗赋都写得怨而不怒。班婕妤身上流动着浓重的儒家伦理道德的血液，成为后宫嫔妃的良好楷模。班婕妤的美德懿范也赢得后世文人的一致认可，纷纷为其作赞，如曹植的《班婕妤赞》、晋左九嫔的《班婕妤赞》、傅元的《班婕妤画赞》等。《女史箴图》中也特地描绘了她的形象，使她成为千古闺范。在诗歌领域，班婕妤的身世遭遇常被写入诗歌中，对其伦理道德的赞扬是此类诗非常重要的一方面。刘孝绰《班婕妤怨》曰：“讵忆游轻辇，从今贱妾辞。”梁简文帝《怨歌行》曰：“早知长信别，不避后园舆。”

东晋·顾恺之《女史箴图》之“班姬辞辇”局部

汉魏诗

大汉英伟　闺秀亦奇

——汉诗中的女性群象

汉武帝晚年立弗陵为太子而将其母钩弋夫人处死，其目的之一就是为了避免子少母壮、女主乱政局面的出现。汉代如同其他朝代一样，忌讳女性过问政治。既然如此，汉人是否也认为“女子无才便是德”呢？翻检一下历史，便可知答案是否定的。除却我们所熟知的饱读诗书、续成一代史著《汉书》的班昭，博学多才、通晓音律的蔡琰外，从上到下，汉代颇有知识的女性不乏其人。比如西汉窦太后好黄老之学，东汉显宗马皇后“诵《易》，好读《春秋》《楚辞》，尤善《周官》、董仲舒书”，东汉顺烈梁皇后“九岁能诵《论语》，治《韩诗》，大义略举”……甚至寿张县一个名叫张雨的普通女子，在双亲早亡的情况下，终身未嫁抚育幼弟，并亲自教授其学问，使两个弟弟通晓经学。汉代女子们的才学自然不是得自天赋的，其源头必始自教育。《礼记·内则》就规定儿童在十岁之前都要读书识字，进行书写计算的基本训练；十岁后，在学习内容上方才显出男女性别的差异。男性进一步学习文化知识以备将来仕宦之用，女性则主要进行基本的妇德教育、家务处理能力（主要为纺织女红）、音乐素养的训练。有条件又有兴趣的女性还可以进一步读书习经。富贵人家甚至还专门安排傅母、女师对家中女孩进行教育。而所谓的妇德教育，汉人一直都在强调女性的贞顺柔婉。刘向在其《列女传》中收录不事二夫的女子十余则，并明确系统地提出女子从一而终的观点。班昭承袭了刘向的这种观点，并强调女子的卑微柔弱，所谓“男以强为贵，女以弱为美。故鄙谚有云：生男如狼，犹恐其尪；生女如鼠，犹恐其虎”。（《女诫·敬慎》）通过这样的教育，汉人要养成的是贞顺、柔婉、雅致、明事理的淑女，而这样的女性也就成了社会所认可、推崇的理想女性形象。所以，我们在汉诗中往往会看到这样的描写：

十三能织素，十四学裁衣，十五弹箜篌，十六诵诗书。……

——《孔雀东南飞》

……大妇织绮罗，中妇织流黄，小妇无所为，挟瑟上高堂，丈人且安坐，调丝方未央。

——《相逢行》

邂逅承际会，得充君后房。情好新交接，恐懔若探汤。不才勉自竭，贱妾职所当。……

——《同声歌》

汉代画像石《纺织》

汉人婚姻思想上对女性感情忠贞的单方面要求，在实际的汉代生活中没起多大波澜，但在汉诗中倒是出现了不少坚贞刚烈、忠诚于感情的女子，或许其中更多寄寓的是男性对女性的集体期许。这里面既有倚门怅望的思妇，如

行行重行行，与君生别离。相去万余里，各在天一涯；道路阻且长，会面安可知。胡马依北风，越鸟巢南枝。相去日已远，衣带日已缓；浮云蔽白日，游子不顾返。思君令人老，岁月忽已晚。弃捐勿复道，努力加餐饭。

——《行行重行行》

孟冬寒气至，北风何惨栗。愁多知夜长，仰观众星列。三五明月满，四五蟾兔缺。客从远方来，遗我一书札。上言长相思，下言久离别。置书怀袖中，三岁字不灭。一心抱区区，惧君不识察。

——《孟冬寒气至》

也有反抗强暴凌辱的贞妇烈女，如

日出东南隅，照我秦氏楼。秦氏有好女，自名为罗敷。罗敷喜蚕桑，采桑城南隅。青丝为笼系，桂枝为笼钩。头上倭堕髻，耳中明月珠。缃绮为下裙，紫绮为上襦。行者见罗敷，下担捋髭须。少年见罗敷，脱帽著帩头。耕者忘其犁，锄者忘其锄。来归相怨怒，但坐观罗敷。

使君从南来，五马立踟蹰。使君遣吏往，问是谁家姝?“秦氏有好女，自名为罗敷。”“罗敷年几何?”“二十尚不足，十五颇有余。”使君谢罗敷:“宁可共载不?”罗敷前置辞:“使君一何愚！使君自有妇，罗敷自有夫!”

“东方千余骑，夫婿居上头。何用识夫婿？白马从骊驹，青丝系马尾，黄金络马头；腰中鹿卢剑，可值千万余。十五府小吏，二十朝大夫，三十侍中郎，四十专城居。为人洁白皙，鬑鬑颇有须。盈盈公府步，冉冉府中趋。坐中数千人，皆言夫婿殊。”

——《陌上桑》

昔有霍家奴，姓冯名子都。依倚将军势，调笑酒家胡。胡姬年十五，春日独当垆。长裾连理带，广袖合欢襦。头上蓝田玉，耳后大秦珠。两鬟何窈窕，一世良所无。一鬟五百万，两鬟千万余。不意金吾子，娉婷过我庐。银鞍何煜爚，翠盖空踟蹰。就我求清酒，丝绳提玉壶。就我求珍肴，金盘脍鲤鱼。贻我青铜镜，结我红罗裾。不惜红罗裂，何论轻贱躯！男儿爱后妇，女子重前夫。人生有新故，贵贱不相逾。多谢金吾子，私爱徒区区。

——《羽林郎》

还有痴情绝对的弃妇刘兰芝。汉代女子爱得热烈真挚，而当感情有变故的时候，汉代女性又表现出决绝独立的一面，如

有所思，乃在大海南。何用问遗君，双珠玳瑁簪，用玉绍缭之。闻君有他心，拉杂摧烧之。摧烧之，当风扬其灰。从今以往，勿复相思，相思与君绝！鸡鸣狗吠，兄嫂当知之。妃呼狶！秋风肃肃晨风飔，东方须臾高知之。

——《有所思》

当然，在汉代也不乏关于女性爱情轻快优美的歌唱，如

江南可采莲，莲叶何田田，鱼戏莲叶间：
鱼戏莲叶东，鱼戏莲吓西，鱼戏莲叶南，鱼戏莲叶北。

——《江南》

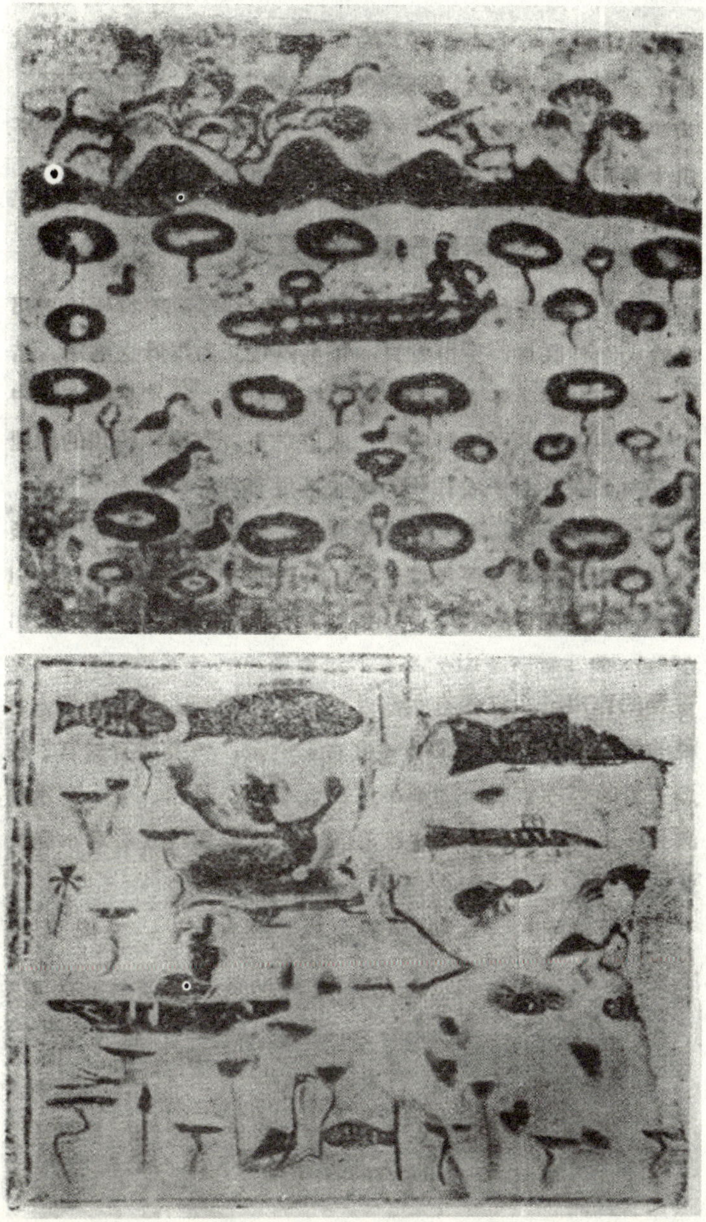

汉画像砖《采莲》

虽然汉代社会规定了女性的依附性存在,但汉代实际婚姻状态的自由开通,以及女子对社会经济活动的参与,都增加了汉代女性对变质的感情说“不”的勇气与力量。《羽林郎》中的胡姬可以盛装卖酒,《陇西行》的“健妇”得体从容地待客经营小生意:

> ……好妇出迎客,颜色正敷愉。伸腰再拜跪,问客平安不?请客北堂上,坐客毡氍毹。清白各异樽,酒上玉华疏。酌酒持与客,客言主人持。却略再拜跪,然后持一杯。谈笑未及竟,左顾敕中厨。促令办粗饭,慎莫使稽留。废礼送客出,盈盈府中趋。送客亦不远,足不过门枢。取妇得如此,齐姜亦不如。健妇持门户,亦胜一丈夫。
>
> ——《陇西行》

女性对社会经济活动的参与,增加了女性有尊严的独立存在的可能,也使汉代女性绽放出夺目的光彩。

才女离恨　家国悲歌

——蔡琰五言《悲愤诗》

四十多岁时，蔡邕才有了唯一的骨血文姬（蔡琰的字，又称昭姬），自然将之视作掌上明珠。虽然蔡邕珍视女儿，但蔡琰幼年却并未有过锦衣玉食的生活。因为就在蔡琰出生后不到一年，蔡邕便因直言耿谏得罪宦官与权臣而被流放朔方，之后又为躲避小人的暗算而亡命江湖十二年。所以，在这十三年的时间里，蔡琰一直跟随父亲过着颠沛流离、担惊受怕的日子。蔡邕虽然给不了幼年文姬以优裕的生活，但在蔡邕的熏陶、培养下，原本就异常聪明的蔡琰成了精通音律、饱读诗书、智慧博学的才女。30多岁从匈奴归来，饱经丧乱的文姬曾应曹操之命，一字不漏地默写出400余篇父亲的藏书，由此可见蔡琰惊人的记忆力与少年时期的扎实功力。

蔡琰16岁时嫁给河东卫仲道为妻，没过两年卫仲道便因病去世。膝下无子的蔡琰只得回娘家度日。初平三年（公元192年），蔡邕因叹息董卓被杀一事而被王允下狱致死。刚刚丧夫的蔡琰此时又失去了父亲，其悲痛心情可想而知。然而“屋漏偏逢连夜雨”，更悲惨的事情又接踵而至。匈奴人趁董卓死后其部将拼杀混乱之际杀入洛阳，破一城，屠一城，烧杀抢掠，无恶不作。有反抗能力的男子几乎全被杀尽，妇女则沦为战利品，被带往北方。中原大地战火不熄，人们饱受蹂躏摧残。蔡琰在此次胡人入侵中被掠到了匈奴。在中原与匈奴的对抗中，这样的事情并不鲜见，在史书上记载的不过是某年某月胡人进犯之类的枯燥冰冷的文字，然而这样的事情对个体生命来说，会彻底改变一个人的命运甚至会剥夺一个人的生命。在被俘虏、驱赶北上的过程中，所遭受的屈辱，所目睹的血腥场面，所经历的极寒困苦，都会成为每个经历此次浩劫而得以苟生者的沉重精神负担。身为名门才女的蔡琰，十八九岁时被掠至匈奴，三十余岁回到中原后创作的诗歌《悲愤诗》中对这段被掠经历依然记忆鲜明，甚至匈奴人恐吓威胁的话语都清晰在耳。到匈奴后，蔡琰嫁给了南匈奴左贤王，并为其生育了两个孩子。环境恶劣、言语不通、风俗殊异，蔡琰的思乡之情倍加浓重。

时间一晃便是十二年。在这十二年的时间里，曹操已基本荡平北方叛乱，略有闲暇的曹操决定重金赎回蔡琰。可以回到中原是令人艳羡的事，而一个仁恻慈爱的母亲就要因此而与亲生子女诀别，这样的伤痛折磨着文姬。回到故乡后，迎接文姬的是亲人皆无、满目疮痍，这样的归来，让文姬心内五味杂陈。登高远眺，蔡琰看到的是累累荒坟，旧日繁华的城市已变成山林，白日里处处豺狼出没，吠叫此起彼伏，不觉又使人联想起当初的血雨腥风。这种巨大的痛苦，时时包围着她，让她不能释怀。其后曹操将蔡琰嫁给了一表人才的董祀，婚后两人生育了一子一女。董祀为屯田都尉时犯法应以处死，蔡琰光着脚、披头散发地跑去跟曹操求情。曹操念在老友蔡邕的面子上赦免了董祀。董祀与蔡琰的感情如何，史无记载，但蔡琰《悲愤诗》的最后几句说："托命于新人，竭心自勖励。流离成鄙贱，常恐复捐废。人生几何时，怀忧终年岁。"婚后的蔡琰依旧毫无欢乐可言，战战兢兢，忧怀满腹。其结局如何，也未有史料予以记载。战争给一个人精神和肉体上带来的创痛，恐怕终其一生也无法消除吧！

"兴，百姓苦；亡，百姓苦。"一个贵族妇女在经历痛彻心扉的遭遇后，深深体会到了这一点。这也就是她的名作《悲愤诗》为什么在历经数千年的风雨后，依旧能使人感受到那字里行间的血泪和痛楚。

附：

汉季失权柄，董卓乱天常。志欲图篡弑，先害诸贤良。逼迫迁旧邦，拥主以自强。海内兴义师，欲共讨不祥。卓众来东下，金甲耀日光。平土人脆弱，来兵皆胡羌。猎野围城邑，所向悉破亡。斩截无孑遗，尸骸相撑拒。马边悬男头，马后载妇女。长驱西入关，迥路险且阻。还顾邈冥冥，肝胆为烂腐。所略有万计，不得令屯聚。或有骨肉俱，欲言不敢语。失意几微间，辄言毙降虏。要当以亭刃，我曹不活汝。岂敢惜性命，不堪其詈骂。或便加棰杖，毒痛参并下。旦则号泣行，夜则悲吟坐。欲死不能得，欲生无一可。彼苍者何辜，乃遭此厄祸。边荒与华异，人俗少义理。处所多霜雪，胡风春夏起。翩翩吹我衣，肃肃入我耳。感时念父母，哀叹无穷已。有客从外来，闻之常欢喜。迎问其消息，辄复非乡里。邂逅徼时愿，骨肉来迎己。己得自解免，当复弃儿子。天属缀人心，念别无会期。存亡永乖隔，不忍与之辞。儿前抱我颈，问母欲何之。人言母当去，岂复有还时。阿母常仁恻，念何更不慈。我尚未成人，奈何不顾思。见此崩五内，恍惚生狂痴。号泣手抚摩，当发复回疑。兼有同时辈，相送告离别。慕我独得归，哀叫声摧裂。马为立踟蹰，车为不转辙。观者皆嘘唏，行路亦呜咽。去去割情恋，遄征日遐迈。悠悠三千里，何时复交会。念我出腹子，胸臆为摧败。既至家人尽，又复无中外。城廓为山林，庭宇生荆艾。白骨不知谁，纵横莫覆盖。出门无人声，豺狼号且吠。茕茕对孤景，怛咤糜肝肺。登高远眺望，魂神忽飞逝。奄若寿命尽，旁人相宽大。为复强视息，虽生何聊赖。托命于新人，竭心自勖励。流离成鄙贱，常恐复捐废。人生几何时，怀忧终年岁。

——《悲愤诗》

弃妇为诗　哀而不怨

——传为甄妃所作的《塘上行》

蒲生我池中，其叶何离离。傍能行仁义，莫若妾自知。众口铄黄金，使君生别离。念君去我时，独愁常苦悲。想见君颜色，感结伤心脾。念君常苦悲，夜夜不能寐。莫以豪贤故，弃捐素所爱？莫以鱼肉贱，弃捐葱与薤？莫以麻枲赋，弃捐菅与蒯？出亦复苦愁，入亦复苦愁。边地多悲风，树木何翛翛！从君致独乐，延年寿千秋。

——《塘上行》

诗歌前六句借塘中的蒲草起兴后，交代爱人因听信小人谄毁抛弃自己。接下来六句写在遭到抛弃后，主人公仍然牵挂思念爱人。其后六句以柔婉的方式对爱人见异思迁的行为表达不满。最后六句写主人公虽然被抛弃了，但对负心的爱人还送出美好的祝福。故而朱秬堂先生称此诗“怨苦之中犹不忘君，忠厚之至”（黄节《汉魏乐府风笺》）。余冠英认为这首当为古代无名氏之辞。而历史上对此诗的作者争论纷纭，有说是曹操的（《乐府诗集》），有说是曹丕的（《韵补》），较为普遍的一种说法是此诗为曹丕之妻甄妃所作，如《玉台新咏》《古诗源》《艺文类聚》《诗纪》《邺都故事》《汉魏乐府风笺》等都持此种看法。

甄妃，中山郡无极（河北无极县）人，祖上为汉平帝时承阳侯甄邯，父亲甄逸为灵帝时上蔡县令。甄妃三岁时父亲便去世了，九岁起开始识字，常常喜欢摆弄哥哥们的笔砚。哥哥们调笑她时，她说：“听说古代贤女，没有不读史书而能知道历史的兴亡成败的。不看书，这些从哪里知道呢？”十余岁时，甄妃建议母亲开仓赈济，广施恩惠。由此可见，甄妃自小便是一个知书达理的女子。在当时甄妃还是鼎鼎大名的美女，俗话说“江南有二乔，河北甄宓俏”。甄妃最初嫁给的是当时有着四世三公显赫背景的袁绍之子袁熙为妻，婚后袁熙镇守幽州，甄妃在邺城与其婆婆刘氏相伴。后来，曹操趁袁绍死后其二子袁谭、袁尚为争权而闹得不可开交的时候，举兵攻占了袁氏家族的大本营邺城（河南临漳）。城破之后，时任五官中郎将的曹丕率先闯进袁家内宅，见到惊魂未定的甄妃，便即刻为她的美貌而震惊，当即将甄妃带回军营。《世说新语》记载此事时，把曹操也拉了进来。说城破后，当曹操处理完公务，才想起来派人去将早已耳闻的美女甄妃接来，此时却得知甄妃已为曹丕据为己有，便顺水推舟地将甄妃赐给了曹丕，也算落了个人情。当时的名士、孔子的后裔孔融听说曹操将甄妃赐给曹丕的事后，便在给曹操的信中提到"武王伐纣，以妲己赐周公"。曹操看后不明白，见到孔融后向他问典故的出处，孔融笑着答道："根据眼前的事猜测而已！"曹操才恍然大悟，孔融是在讽刺他将甄妃赐给曹丕的事，心中不免对孔融产生愤恨。后来终究找了借口把孔融给杀了。曹丕见到甄妃时十七岁，甄妃已二十二岁。

汉画像砖《赈赡穷乏》

婚后，甄妃为其生下一子曹叡（后来的魏明帝），一女东乡公主。据王沈《魏书》记载，甄妃曾劝阻曹丕遣归美丽而任性的任氏，还劝曹丕"广求淑媛，以丰继嗣"（意为多纳妾，多生子孙），为婆婆卞皇后的病情而憔悴，可以看出甄妃身上有着贤淑、明理、孝顺的品性。只是年老色衰的甄妃难以挽留住曹丕的感情，称帝后的曹丕将心思都放在了年轻美貌而心机缜密的郭女王与阴贵人、李贵人身上。备受冷落的甄妃难免会有怨言，又加上小人搬弄口舌、挑拨是非，在曹丕称帝第二年，甄妃被赐死，葬于邺城，时年四十岁。收敛时，甄妃以发覆面，口中塞糠，草草埋葬。古人习俗要在逝者口中塞上米饭、金银珠贝，寓意为逝者在阴间可以不受饥饿之苦,此称为"饭含"。由此可见,甄妃的葬礼十分简陋。魏明帝即位后,将他所认为的杀死其生母甄妃的郭皇后赐死,并按照甄妃当年的方式加以敛葬,并追封甄妃为文昭皇后。因为甄妃的经历与《塘上行》所表现的情感经历颇为相近,所以人们通常认为此作是甄妃写给丈夫曹丕以挽回感情的诗作。

如果到此为止的话,《塘上行》一诗不过就是宫廷斗争的产物,仅是一首"哀而不怨"的宫怨诗而已。但关于甄妃的感情,人们还有另外的说法。甄妃嫁给曹丕后,文采风流的曹植对美丽多才的嫂嫂产生了深厚的感情,虽然两人年龄相差十岁。起初是曹植的单相思,之后便是二人的两情相悦。那么甄妃的死便不是小人谗害那么简单,而是两人私情被发现后不可饶恕地被加以处死的。学者木斋在其著作《古诗十九首与建安诗歌研究》中,在对照史书、诏、表、人物的历史行为等的基础上,加以推理想象,推定出曹植与甄妃之间肯定存在着惊天动地的爱情。那么《塘上行》一诗的情感倾诉对象便不会是曹丕,而是曹植或干脆是某甲某乙了。认为曹植与甄妃间存在恋情的说法至迟在唐代便已出现,人们认为曹植的《洛神赋》便是因思念逝去的甄妃而作的。元微之《代曲江老人百韵诗》中说:"班女恩移赵,思王赋感甄。辉光随顾步,生死属摇唇。"李商隐《涉洛川诗》云:"通谷杨林不见人,我来遗憾古时春。宓妃漫结无穷恨,不为君王杀灌均。"(灌均,时为陈王曹植的监国谒者,曾上表文帝谮毁曹植)

顾恺之的《洛神赋图》宋摹

一、民谣、乐府

处于中华民族旺盛发展阶段的汉代，统治阶层较为自信，因而对社会舆论的压制较少。这一点，只要与清代对照，就不难看出其显著的差异。由于舆论的开放，下层民众可以自由地议论朝政得失，抒发己见。这种议论集中以民歌、民谣的方式来体现，朝廷设立专门的乐府机构，派专人深入民间收集加工这些诗歌，以此来体察民意，作为统治者制定国家政策的参考。更有一些未经加工的原始民谣在社会上广泛传播，影响力巨大，最终直接被载入史册。这些民歌、民谣生动地反映了当时的社会风貌，对我们理解汉代的民风民情，百姓疾苦，把握时代脉搏大有帮助。

平城歌

汉朝初年，为了提防韩王信凭借颍川的地理优势谋反，刘邦以抗御匈奴为借口将韩王信迁徙到太原。韩王信为消除刘邦对他的顾忌，主动提出将都城由距边塞较远的晋阳迁到邻近边境的马邑，以便更好地对抗匈奴。高祖六年（公元前201年）秋，匈奴派大军包围马邑，韩王信因兵力不足以及朝廷援兵未到，无力对抗匈奴大军，便多次派出使者与匈奴商量和谈。汉朝援兵赶到太原后，刘邦得知了韩王信与匈奴频繁往来使臣的事，刘邦大怒，怀疑韩王信勾结匈奴，背叛汉朝，便写了一封信谴责、警告韩王信。这封信不但没起到警告的作用，反而促成了韩王信对汉朝的背叛。韩王信为避免被刘邦砍头，便伙同匈奴一起攻打太原郡，在很短的时间里，就占领了山西的大部分地区。

高祖七年（公元前200年），刘邦亲率三十万大军出征讨伐匈奴和韩王信。一开始，汉军取得连续胜利。先是在铜鞮（今山西沁县南）大败韩王信，韩王信溃逃到匈奴，其部下也四散逃亡。刘邦乘胜进入晋阳。之后，在晋阳打败了由匈奴左、右贤王和韩王信残部组成的联军，并在西河郡离石（今山西离石）再次给予其创击。接着在楼烦（今山西宁武）击破匈奴军队。可以说，到此为止，在这次与匈奴、韩王信及其残部的作战中，汉军始终占据着优势。刘邦不免要为自己的胜利而得意，带着先头部队大摇大摆地开进平城。当刘邦得知匈奴人就在平城附近的代谷（今河北蔚县东北）时，便决定要与匈奴一较高低。刘邦派出十多个使者前往匈奴查探军情，回来后都给刘邦报告说匈奴人不堪一击，士兵羸弱，战马疲瘦，应尽快出击攻打匈奴人。而只有刘敬一人对匈奴的状况表示怀疑，他说：“两军交战，都是在使者跟前炫耀武力以威慑对方，现在匈奴人却处处展示他们的疲弱，恐怕其中有诈。”被胜利冲昏头脑的刘邦根本听不进刘敬的理性建议，他太想在垓下之围后再借此战杀杀匈奴气势，为自己的辉煌人生再浓墨重彩一番。于是便将刘敬臭骂了一通，命人将其关押在广武（今山西代县西南)，打算等凯旋后好好收拾一下这个扰乱军心的家伙。等刘邦带着汉军走出平城不远，便在平城东北的白登山遭遇匈奴的埋伏，被匈奴四十万大军团团围困在白登山上。站在山上，刘邦亲自看到了匈奴的势力。在白登山周围都是匈奴的骑兵，西面是白马组成的骑兵队伍，东面是青色的，北面是黑色的，南面是赤黄色的。马上的匈奴兵身穿裘皮，手执利刃，骑着膘壮的战马呼啸而过。此时，在白登山的寒风中被冻得伸不开手脚的刘邦，内心里大概五味杂陈，最多的可能是悔恨与被愚弄的感觉。匈奴对白登山发起数次攻击，好在刘邦居高临下，战略位置还可以，再加上昼夜不停的严密防范，匈奴人始终没能攻破白登山。双方就这样僵持了七日七夜。在这七天里，匈奴人也遭受了损失。但相对而言，汉军的损失更大。被困在白登山的汉军，是刘邦带出来的先锋部队，军需物资所带不多。在被围困的日子里，汉军士兵都不能得到充足的食物。而此时又是北方一年中最寒冷的时候，汉军士兵多不能适应北方的严寒，很多士兵在饥寒交迫中死去。十分之二三的士兵手指都被冻掉了，整个军队的战斗力一下子降了下来。在这种饥寒交迫的状况下，刘邦难以带领着手下的步兵突破匈奴的强大军事围攻。刘邦一筹莫展，其手下的樊哙等猛将也畏缩不前，好在陈平想出一解围妙计。对陈平的计谋，史书上没有记载。有人说陈平让画师画了一幅绝色的汉族女子画像，让一个足智多谋的使者拿着，并带着丰厚的礼物偷偷潜入匈奴中去贿赂单于的阏氏，将此汉族女子画像出示给她看，告诉她汉朝皇帝要将这样的女子嫁给单于。阏氏害怕汉族女子嫁到匈奴后与她争宠，便劝说单于："匈奴即便占领了汉人的土地，也不可能在此久居。况且汉朝皇帝都是有神灵护佑的，不可以轻易欺侮。"而此时与单于约定共同围击汉军的韩王信的残部未能如期到达，单于担心事情有变，怀疑韩王信的残部与汉军又勾结起来了，怕到时腹背受敌，便在夜雾中放开一角，刘邦趁此机会及时逃离白登山。回到广武后，刘邦释放了刘敬，并封官加爵。而对那些当初劝其攻打匈奴的人，刘邦统统杀掉了。

白登山的一幕给汉初的人们留下难以磨灭的记忆，尤其是那冰天雪地的寒冷，老百姓作歌曰：

平城之下，亦诚苦。七日不食，不能彀。

平城一战后，刘邦采用刘敬的建议，借与匈奴和亲的名义向匈奴纳贡求取和平。白登山之围，使西汉人痛定思痛，从而清醒地认识到征服匈奴绝非一朝一夕之功，需要坚实的国力做后盾。在后来的很长一段时期，汉王朝忍辱负重。吕后执政时期，单于曾给吕后写了封出言不逊的信，吕后读信大怒，召集群臣共同商议此事，有人主张出兵攻打匈奴出这口恶气。但白登山的痛苦回忆最终打消了汉人与匈奴武力对抗的念头。文景二帝时期，遇到匈奴侵扰汉地的情况时，也只能望着匈奴远去的马背无可奈何。然而，西汉统治集团从未忘记雪耻，直到汉武帝时期，接连派李广、卫青、霍去病等大将，连续多年与匈奴作战，直到将匈奴驱赶到漠北。

画一歌

公元前206年十月,刘邦率军进入咸阳后,便立马跑进秦王宫里去见识那数不尽的奇珍异宝和绝色美女。许多将士也乘机搜求珍宝、女子,只有萧何带领着一批忠实可靠的人逐一清点有关秦朝户籍、法律、地理等图书文档资料,然后进行归类、记录、保藏下来。萧何带人抢先整理出来的那批资料,对刘邦以后争天下和安天下起了至关重要的作用。刘邦建立汉朝后,萧何为王朝制定了《九章律》,每一条律都规定得清晰明白,很好地起到了规范王朝法律制度的作用,其依据的便是当年在咸阳整理出来的图书文档资料。

当年同起于沛县,跟刘邦、萧何颇为相熟的曹参,在刘邦立国后,因军功被任命为齐国国相。到齐国赴任后,曹参请来当地的宿儒长者共同商讨如何治理齐国。儒生们读书广博,谈起治理郡国的设想来也是各抒己见,没有定论。在这时,曹参听说胶西(今山东高密县西南)有个擅长于黄老学说的盖公,便派人用厚礼请来。盖公主张治理国家要清静无为、不扰民,老百姓自然就会生活安定富裕起来。曹参听了很信服,便将盖公的建议运用到对齐国的治理中。在齐国任国相的九年里,齐国的国力得到很大恢复,老百姓安居乐业,都纷纷夸赞曹参是个贤相。

曹参与萧何在贫贱时关系不错,但等到封侯拜相了,两人之间反而出现了隔阂。萧何在临死推荐贤能之士的时候,却唯独推荐了曹参一人。曹参继萧何当丞相后,选用的人才都是木讷敦厚的人。而他自己每天也不处理政事,只是整日饮酒而已,甚至劝自己的手下和门客也一起来饮酒。大家都饮酒而醉得吵吵闹闹的时候,曹参一点也不顾忌是办公时间,拿过酒来,与大家一起饮酒啸歌。惠帝看到曹参如此当丞相,感到很奇怪。曹参回答说:"高祖和萧何已经把国家的法律规章制度建立起来了,陛下您和我只要照着办,不要有什么闪失就可以了。"曹参的作为看似无能,实则恰恰深合他所推崇的黄老之道。曹参做了三年丞相,一切治国的政策方针都延续了萧何的做法,百姓也得到了安宁的生活。曹参去世后谥为懿侯。老百姓歌颂曹参的政绩,作歌曰:

萧何为法,讲若画一。曹参代之,守而勿失。载其清净,民以宁一。

曹参遵承萧何治国的法律、政策、方针,使百姓得到安宁的典故,形成了后世“萧规曹随”的成语。

萧　何

民为淮南厉王歌

“一尺布，尚可缝；一斗粟，尚可舂。兄弟二人不能相容。”

——《史记·淮南衡山列传》

或

“一尺缯，好童童。一斗粟，饱蓬蓬。兄弟二人不能相容。”

——高诱《淮南叙目》

这是文帝十二年（公元前168年）民间流传的歌谣。这个歌谣说的可不是平常老百姓家兄弟闹矛盾，它说的是文帝与淮南王刘长之间的是非恩怨。

淮南王刘长的母亲赵姬本为刘邦女婿赵王张敖的美人，高祖八年（公元前199年），刘邦路经赵国，张敖派赵姬前去侍候，不久，刘邦便回京城了。没想到赵姬竟怀上刘邦的龙种。第二年便有人诬陷赵王张敖谋反，刘邦看在女儿鲁元公主的面子上，将张敖贬为宣平侯，张敖身边的人不是被杀就是被抓。美人赵姬受此事牵连被抓入狱。此时怀着身孕的赵姬托人向刘邦求情，刘邦正在气头上不予理会。赵姬便让弟弟赵兼去找吕后的亲信辟阳侯审食其向吕后求情。吕后对此事也不想搭理，赵姬毕竟太微不足道，审食其便对此事未再用力。无奈之下，赵姬生下儿子后便自杀了。狱吏只好把婴儿送到刘邦那儿，看到孩子颇像自己，刘邦似乎也有些后悔，便交给吕后抚养，取名刘长。高祖十一年（公元前196年），淮南王黥布谋反，刘邦灭掉黥布后，将淮南国分给了当时只有三岁的刘长，从此刘长变成了拥有九江、庐江、衡山、豫章四郡的淮南王。毕竟刘长由吕后亲自抚养长大，多少总会有些感情，故而在吕后清洗刘氏血脉的过程中，刘长得以保全下来。刘长长大知道自己亲生母亲的死因后，便把所有过错都加到辟阳侯审食其的头上，一直在寻找机会杀掉审食其为母亲报仇。

文帝即位后，看到自己的诸多兄弟只剩下刘长一个，非常珍惜这份兄弟情谊。而刘长却倚仗皇帝的宠爱骄纵无礼，肆意胡为。跟文帝一起打猎的时候，刘长不顾君臣之分，与文帝同坐一辆皇帝专车，并喊文帝大哥。在打猎的归途中，路经辟阳侯的府宅，刘长便悄悄带几个人去找审食其报仇。一进门，刘长便二话不说抡起铁锤将审食其锤杀。事后，刘长光着膀子前去向文帝请罪，在数落完辟阳侯的罪状后，刘长说："我杀了他是为了给母亲报仇，也是为天下除害。我知道如此做是违法的，请陛下处置。"文帝念及手足情谊，理解他的此番举动也是为母亲报仇而为，便赦免了刘长。刘长被赦免后回到封国，反而更加猖狂起来。他把朝廷的官员全都换成自己的亲信；出门时要进行戒严，不准老百姓通行；他生病了，皇帝下诏慰问，他也不接见使者。刘长的一系列不合礼制的举动，引起大臣们的反对。文帝便派其舅父薄昭以长辈的身份写信给刘长，给他敲敲警钟。刘长非但没有上书谢罪，反而加快了谋反的步伐。他勾结棘蒲侯柴武的太子柴奇在长安背面的谷口发动叛乱，并准备借助匈奴、闽越的力量一起推翻汉朝。事情败露后，刘长被逮至长安，丞相张苍等人主张弃市（砍头）。但文帝不忍心，最终赦免了刘长，废除淮南王的爵位，并将之流放到蜀郡严道邛邮（今四川荥经县西）。在流放途中，生性要强的刘长不堪忍受屈辱，绝食而死，年仅26岁。临终前，刘长终于意识到自己的过失，他对随行的人说，由于自己一直听不到别人指出过错，他才会越陷越深，不能自拔。刘长的教训直到今天还具有教育意义。本来只是想让刘长吃些苦头，待悔改了再恢复爵位的，看到刘长绝食而死，文帝颇为后悔。此时民间又流传出这样的歌谣，让文帝面子上很过不去。文帝说："天下人以为我是贪图淮南王的那块地吗？我只不过是不以私害公而已。"为表明自己并非贪图淮南国的土地，文帝下令城阳王刘喜被封为淮南王，并为刘长按诸侯礼制修建了陵园，谥号淮南厉王。之后又将淮南国重新分给刘长活着的三个儿子。长子刘安承袭父爵封为淮南王。而"斗粟尺布"的歌谣却永远流传下来，成为讽刺封建统治者为争权夺利而互相倾轧、不顾亲情的经典话语。

郑白渠歌

汉初在实行黄老无为之治，与民休养生息政策的同时，还大力恢复、发展农业生产。除了减收租税，改进农具外，在关中平原上还兴修了许多水利工程，较为有名的比如白渠、六辅渠、龙首渠、成国渠、灵轵渠等，形成一个密集的水利灌溉网，使关中平原成为一块富饶的土地，也大大方便了百姓的生产、生活。当时的百姓们编了一曲歌谣对此进行歌颂：

田于何所？池阳谷口。郑国在前，白渠起后。举锸如云，决渠为雨。水流灶下，鱼跳入釜。泾水一石，其泥数斗。且溉且粪，长我禾黍。衣食京师，亿万之口。

在歌谣里，百姓满怀喜悦地称颂郑国渠和白渠给百姓生活带来的巨大便利。郑国渠，是战国时期秦国修建的水利工程。其原本是韩国为牵扯住秦国东侵的步伐，派水工郑国去游说秦国大兴水利，秦国后来发现了韩国的阴谋，便要处死正在修筑水渠的郑国，郑国辩解说兴修水利确实会动用国家不少人力、物力，但水渠修好后会带来万世之利，秦国会变得更强大。于是，秦人便让郑国继续修建水渠，历经十年而最终修成。郑国渠起自今陕西礼泉县的谷口，引泾水东流，至今三原县，之后再引流向东经今富平县等地，注入洛水，全长120多公里。经过郑国渠的灌溉，关中平原上的四万多顷盐碱地变成了沃土。于是，这条韩国人修建的水渠被命名为郑国渠。汉武帝太始二年（公元前95年）秋，关中大旱，中大夫白公向朝廷建议在谷口（今陕西礼泉县东北的谷口）和栎阳（今陕西临潼县）之间修建一条水渠，以引泾河水灌溉农田。因为是白公建议修建的，所以将这条水渠命名为白渠。白渠全长200里，可以灌溉土地四千五百顷。

深深依赖土地的老百姓们用他们质朴的语言歌颂了为民造福的工程。我们不妨用今天的语言再来重述一番这首歌谣。天下种田哪里最好，要数就数池阳、谷口。在这里既有历史名渠郑国渠，又有当今新修的白渠。修建白渠的时候，大家齐心合力，埋头苦干，铁锹一起举起倒土时就像那天上的白云。水渠修成后，那河水便如同及时雨般灌溉我们的庄稼。百姓生活用水也更为方便，做饭时，俯下身子便可舀水煮饭。要是哪天鱼儿高兴了，猛然一跳进了你的锅中，那你今天的饭桌上又多了一道美味。一石泾水里就有数斗淤泥，用清澈的泾水来浇灌庄稼，用河里肥沃的淤泥给我的庄稼施肥，这样我定会有个好收成。有了郑国渠和白渠，凭借我们肥沃的土地，供给京师亿万人口的衣食都是没问题的。

颍川儿歌

灌夫原本姓张，其父张孟是颍阴侯灌婴的家臣，因得灌婴宠信，便改姓为灌。在吴楚七国之乱中，灌夫及其父一起参军讨伐叛逆。在军中，灌夫父子披坚执锐，勇猛杀敌，张孟战死，灌夫身受重伤十多处。叛乱平息后，灌夫被封官嘉奖。前后历任中郎将、代国国相、淮阳太守、太仆、燕国国相，但多因犯法而被免官，之后，便闲居在长安。灌夫为人刚猛，不喜欢阿谀奉承，面对权贵时，不仅不奉承，往往还要想着法子折杀他们的威风。灌夫以军功起家，又历任多个官职，故而家资丰厚，于是便拿来交结豪侠之士，每天家里食客多达数十人乃至上百人。在灌夫的宗族、门客里不免有奸猾之人，他们在颍川一代强取豪夺，横行霸道，引起人们的怨恨。故而颍川流行着这样一首童谣：

颍水清，灌氏宁；颍水浊，灌氏族。

灌夫虽然好耍酒疯，野蛮粗鲁了些，但其为人刚正不阿，重然诺，讲义气。在颍川横行霸道本是家族和门客中的败类所为，不干他的事。但传到皇帝耳朵里时，灌夫成了横行霸道的主使人。这种转化是由汉武帝的舅舅丞相田蚡完成的。

灌夫在长安交游中，与武帝时业已失势的魏其侯窦婴关系最为密切。两个人一个是罢官闲散的武将，一个是失势的外戚，境遇的相似让二人颇为惺惺相惜。此时满朝上下最为得志的是当年曾巴结讨好过窦婴的田蚡，随着武帝当上皇帝，其姐姐王娡当上太后，田蚡一时变得权势熏天。一次，田蚡看上了窦婴城南的一块地，便派门客前去窦府询问此事，非要窦婴卖给他不可。窦婴很生气，愤恨地对田蚡的门客说："我虽然失势了，田将军固然很显贵，但怎么可以仗势欺人强取我的田地？"灌夫当时也在场，他替窦婴打抱不平，便把田蚡的门客数落了一番。田蚡见窦婴不同意卖地，又受到窦婴和灌夫合起伙来数落他，也是一肚子的气，大骂窦婴没有良心，忘了当年自己是如何苦心费力地救他杀了人的儿子的，现在连这么一小块地都舍不得。又怪灌夫狗拿耗子多管闲事，决定要好好给灌夫颜色看看。于是便给汉武帝上了个奏章，说灌夫勾结不法分子，强占颍川民田，已激起人怨天怒，还举出了颍川流传的儿歌作为证据。并派人传话给灌夫，说要好好治他的罪。灌夫也不甘示弱，捎话给田蚡说，如果他被治罪了，他就把当年田蚡与淮南王在灞上相会时的事告诉皇上。当年淮南王入朝，田蚡去灞上迎接，田蚡为讨好淮南王便说："当今皇帝没儿子，您作为高祖的孙子，既有德行又有学识，将来皇帝驾崩了，皇位必定是您的了。"淮南王听着高兴，便赏赐了田蚡很多财物。想到这一层，田蚡害怕了，便趁着武帝懒得管他与灌夫间的矛盾，就此收手了。

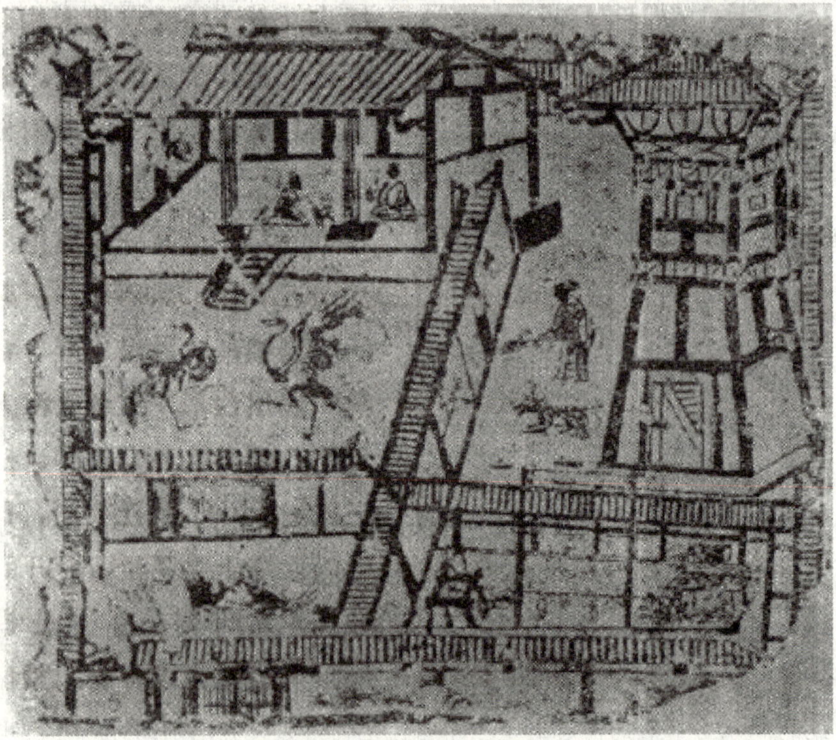

汉画像砖《庭院》

但双方矛盾毕竟没有消除，只不过临时被遮掩了起来。其后，田蚡新娶美人为夫人，便奉太后之诏宴请宾客。在酒宴上，灌夫不满意宾客们对窦婴的冷落而借酒骂座，田蚡见灌夫坏了他的喜事，便一怒之下将灌夫抓了起来，并上奏皇帝要治灌夫的罪，并在武帝没有做任何表示的情况下，就下令逮捕灌夫的家人。窦婴见灌夫为自己出头被抓而有性命之忧,便上书武帝要求彻查此事。武帝召集大臣们讨论此事,有意要偏袒窦婴和灌夫,但又拗不过王太后。不得已之下,连窦婴也抓了起来,最后,窦婴和灌夫一起被砍掉了脑袋。田蚡算是出了口恶气。但不久,田蚡得了一种怪病,整日缩在墙角,颤抖便不停地说:“饶命!饶命!我认罪!我认罪!”巫师看后说是窦婴和灌夫的鬼魂跟田蚡索命来了。没几天,田蚡便跟窦婴、灌夫去了。

邹鲁谚

汉武帝重用董仲舒罢黜百家、独尊儒术后，经学(研究儒家经典，如《诗经》《尚书》《礼》《乐》《周易》《春秋》的学问)便成为汉代的主流意识形态。经学不仅影响着汉代的政治、经济，还渗透进人们的物质、精神生活和社会风俗中。董仲舒还创制了春秋决狱的法律操作模式，即在运用法律之外，参照儒家经典中的思想来作为案件判决的依据，甚至儒家经义有高出法律的效力。汉代朝廷的官吏选举也确立起了通经致仕的制度，即士人精通儒家任何一门经典便可以被朝廷征召委以官职。

韦孟迁居邹县后，五世孙韦贤生性朴实，恬淡少欲，笃志于学问。曾追随瑕丘(今山东兖州)江公学习《鲁诗》(《诗经》在汉代分为《齐诗》《鲁诗》《韩诗》《毛诗》四个流派，《鲁诗》是其中一派)，同时还精通《礼》《尚书》和《鲁论语》。在继承江公学问的基础上，韦贤进一步推进对《诗经》的研究，形成了独具特色的"鲁诗韦氏学"。韦贤也成了声名远播的"邹鲁大儒"，早年时便靠招徒受学为生。汉昭帝时，朝廷慕名征召，拜韦贤为博士，昭帝曾跟随韦贤学习过《诗经》。不久韦贤被升为光禄大夫、詹事、大鸿胪。昭帝驾崩之后，没有子嗣，大将军霍光和韦贤等人商议，立戾太子的孙子、流落民间的刘询为宣帝。汉宣帝即位后，因韦贤拥立有功，赐爵关内侯，改任长信宫少府。宣帝本始三年(公元前71年)，丞相蔡义离职，韦贤被任命为丞相，并封为扶阳侯。韦贤做了五年丞相后，以七十余岁的高龄请求致仕。宣帝准许，并赐黄金百斤。几年后，韦贤病死于封地平陵，宣帝特意下诏赐谥号为"节侯"。韦贤有四个儿子，除三儿子留在邹县守护祖坟外，其余三个儿子均入仕为官。小儿子韦玄成因精通经学而入仕，在几十年的仕途中虽也历经风雨，但最终官至丞相，封扶阳侯。

韦贤家世本平凡，虽然五世祖韦孟曾做过楚王太傅，但后来为避免受刘戊的谋反牵连迁徙至邹县，韦家便寂寂无闻了。至韦贤的时候，家里延续的是一般读书人耕读传家的生活。韦贤及其后世子孙的发达，固然是有多方面的原因，但其最初政治资本的获得是来自于对经学的精深研究，小儿子韦玄成也通过明经致仕。故而在鲁地流传着一句民谣：

遗子黄金满籯，不如教子一经。

成帝时歌谣

不同于汉宣帝对法家思想的推重,汉元帝崇尚儒术,重用的全是些只会空谈义理的儒生,毫无处理实际社会问题的能力。对儒家仁政思想的推尊,使汉元帝在面对豪强时缺少强有力的政治手段,致使豪强势力激增,土地兼并严重,社会矛盾激化。汉元帝治国策略的偏颇无疑加速了东汉王朝由盛变衰的进程。即便如此,汉元帝还算不上是昏君,不过是能力有限、方向有误而已。而到了西汉成帝的时候,汉王朝则彻底被这个昏君拖入了泥潭。

成帝即位后清除石显等宦官,同时防范、排斥朝中大臣,大肆重用外戚。成帝即位后便将太后同母弟王凤拜为大司马大将军领尚书事,又在同一日内将太后五个异母兄弟王谭、王商、王立、王根、王逢时封为侯王,人称“五侯”。王氏外戚也成了西汉权势最大、掌权时间最长的家族。王凤当政的时候,权势熏天。有一次,成帝打算任命刘歆为中常侍,左右大臣却请求皇帝等大将军王凤来了再决定此事。成帝无奈,只好与王凤商量此事。结果王凤不同意,成帝便也只好作罢。而王凤在位所思量的不是如何让政治更清明,国家更强大,他所思考的全是个人的权势利益。为防止王商与之争权,他以私生活问题诬告忠厚威严的王商,逼迫成帝收回王商的相印。被罢官后,王商气愤交加,吐血而死。王凤死后,王氏家族继续担任大司马大将军,掌握着国家政权。王根死后,力荐王莽为大司马。成帝之后,王莽在经历了哀帝、平帝两个短命的皇帝后,立年仅两岁的刘婴为皇太子。此时王莽彻底脱掉伪装,逼迫王太后交出传国玉玺,并屡屡假托天命,详尽地谋划起代汉自立当皇帝的步骤。终于,在初始元年(公元8年),改国号为“新”,去汉之红色而以黄色代之,当上新始祖。西汉灭亡,被王莽取而代之。

汉成帝之所以为昏君,除了因为他宠信外戚外,他还奢侈无度,喜好无节度的田猎。宫中生活不能满足他的淫乐,他便偷跑出宫,以富平侯张放家人的身份在民间游乐，时常十几天不回宫，公卿百官对皇帝的行踪一无所知，更别提等皇帝回来处理国家政事了。在一次微服出游至阳阿公主家的时候，汉成帝无意中发现了歌女赵飞燕，甚为喜欢，用马车载入宫中，后来又将赵飞燕之妹赵昭仪纳入宫中。汉成帝沉溺女色，但年纪一大把了还没有一个儿子，赵氏姐妹没为皇帝生下龙种，还屡屡残害别的宫女为皇帝生下的皇子。故而老百姓作歌谣予以讽刺，其歌曰：

燕燕尾涎涎，张公子时相见。木门仓琅琅，燕飞来，啄皇孙，皇孙死，燕啄矢。

歌谣以“燕啄皇孙，皇孙死”来比赵飞燕残害皇子的行径。汉成帝最后自己也在赵氏姐妹的温柔乡中死去。人们惋惜大汉盛世的衰落，便将汉成帝及之后的历史编成了歌谣，其歌曰：

邪径败良田，谗口乱善人。桂树华不实，黄爵巢其颠。故为人所羡，今为人所怜。

“邪径败良田，谗口乱善人”，说的是成帝为政荒疏，重用外戚和奸佞小人。汉朝崇尚红色，故以桂树作比，桂树只开花不结果，喻汉成帝没有子嗣继承大统。王莽的新朝崇尚黄色，故而用黄色的鸟来拟之。黄雀在桂树之巅筑巢，意味着王莽政权对刘氏政权的凌越与取代。后两句表达了人们对这段历史的惋惜。

献帝初童谣

献帝初平元年(公元190元),袁绍派公孙瓒的堂弟公孙越援助孙坚攻打周昂,公孙越被流箭射中而死。公孙瓒对此很生气,说:“堂弟的死,都是袁绍引起的。”由此而与袁绍结仇。初平三年(公元192年)正月,公孙瓒进攻袁绍,在界桥(河北省清河县境)附近展开激战。公孙瓒战败。十二月,公孙瓒再次攻击袁绍,在龙凑(山东省平原县)被袁绍再次击败。由此,公孙瓒不敢再战,与袁绍和解,结成儿女亲家。之后,因公孙瓒杀死了刘虞,刘虞的部下鲜于辅等人便举兵为刘虞报仇,袁绍以及不满于公孙瓒暴政的人都加入其中。公孙瓒无力抵抗联军的进攻,屡次战败,便逃到易县(今河北雄县)躲了起来。公孙瓒之所以选择易县作为藏身之地,是因为很久之前便流传的一首童谣,其言:

燕南垂,赵北际。中央不合,大如砺,唯有此中可避世。

公孙瓒便仿效董卓当年的郿坞在易县筑城,周围的城墙高达六七丈,全部用磐石垒砌。城墙外又挖了十几重壕沟,城墙内堆起数百座土丘,并在上面都筑起箭楼。而中央的土台高达十丈,公孙瓒和他的妻妾、姊妹们就住在上面,全用磐石垒筑,用铸铁做门,并在其中囤积了三百万斛粮食,足够坚持数年没问题。公孙瓒想用此龟缩之法来躲避乱世,静观时变,等待天下太平。公孙瓒修筑的易城确实易守难攻,袁绍曾花两个多月的时间,死伤无数士兵,连几条壕沟都没能越过去。在注意外部防护的同时,公孙瓒也十分注意内部防范。他所居住的主楼,防范十分严密,没有重要军务,公孙瓒绝不离开主楼半步。凡七岁以上的男性一律不准进入主楼。凡有军报需要呈递的,一律由吊篮通过绳索传递。公孙瓒有命令要布置时,便让早已训练好的大嗓门的妇人站在高楼上向兵士们喊话传达。

公孙瓒这块骨头越是难啃，袁绍就越要啃，数次发起对公孙瓒的进攻，但毫无实质进展。在两军僵持不下的时候，袁绍的部将劝其放弃公孙瓒，休养兵众，以等待困在易县的公孙瓒不攻自破。这些建议一律被袁绍否决，他想速战速决，先解除公孙瓒的威胁，然后集中全力消灭曹操，一统天下。最后，袁绍采用了挖地道的办法，从壕沟外一直挖到公孙瓒的主楼下，主楼下被挖空的部分用木柱支撑着。

而这时被困在易县内的公孙瓒，日子过得也不好受，他便派他的儿子去外面寻找救援，援兵还未到达的时候，公孙瓒下密令让援军埋伏在北郊的洼地中，并约定以火把为信号里应外合夹击袁绍。不想此军事情报被袁绍的手下截获，袁绍便按约定的时间举火，公孙瓒以为是援兵，便出城交战，结果被袁绍的军队打了大败，便又退回城中的主楼里。这时，袁绍又命人烧掉支撑主楼的木柱，地面下沉，楼房倒塌，公孙瓒意识到将不能自保了，便在杀死姊妹、妻子、儿女后，纵火自焚。其后，公孙瓒的儿子公孙续则被匈奴人所杀。

渔阳民为张堪歌

桑无附枝，麦穗两岐。张君为政，乐不可支。

这是张堪在做渔阳太守时，百姓给张堪唱的颂歌。张堪在渔阳太守任上，打击犯罪，赏罚必信，带领骑兵数千人奔袭攻击扰乱渔阳百姓生活的匈奴人。渔阳就此杜绝了匈奴的骚扰，之后，张堪又在狐奴开辟八千余顷稻田，教给百姓耕种事宜，渔阳百姓因此变得富裕起来。为感念张堪，百姓们作歌，热情地歌颂这位清明的地方大员。

渔阳百姓为张堪作的歌谣，只是张堪高贵品格和清明政治生涯的一个缩影。张堪家族是南阳郡的大姓，家族强大。张堪轻财重义，幼年父母早亡后，他把父亲财产的一百余万都让给了侄子。在大司马吴汉攻打下蜀郡后，作为新被任命的蜀郡太守张堪一进城便检查府库，将府库中所藏大量财物珍宝一一登记在册，上报朝廷。而这些足够十代人成为巨富的宝物，张堪一点都没装入自己的腰包。两年后，张堪离开蜀郡的时候，乘坐的是一辆车辕都折坏了的破车子赴京师上任的，车上所有的，不过是几个破布袋而已。皇帝听说此事后，为之叹息了很久，下诏赏赐张堪帛一百匹。张堪为官清廉，他死后，妻子贫苦无依，在渔阳太守朱晖的接济下才得以生活下去。

更始时长安中语

每一个王朝的灭亡都不是偶然的。两汉之际，一些丑角纷纷登场演出了一出又一出的闹剧。王莽那出周公篡权的闹剧还没演完，刘玄的更始政权便出场了，不到三年的时间，便又很快把舞台让给了赤眉军。对历时不到三年时间的更始政权，长安百姓极尽嘲讽，当时流传着这样一首歌谣：

灶下养，中郎将。烂羊胃，骑都尉。烂羊头，关内侯。

歌谣的意思是说，做饭的伙夫当上了中郎将；煮羊胃的当上了骑都尉；煮羊头的被封为了关内侯。嘲讽的是更始王朝的儿戏般荒唐的政权。

要说更始政权，就要从新莽天凤四年（公元17年）的绿林起义说起。绿林军为躲避瘟疫分成两路离开绿林山，一路是王常、成丹领导的下江兵，一路是王匡、王凤、朱鲔、张卬率领的新市兵。之后陈牧、廖湛领导的平林兵也加入了绿林军的行列。刘玄此时正是平林兵的安集掾。三路兵合到一起后，决定推选一个头儿，以便有组织地与新莽对抗。刘玄因是汉景帝的儿子长沙定王刘发的六世孙，血统高贵，而受到平林兵和新市兵的拥戴。而此时在农民起义军的队伍中，还有一个刘氏宗室子弟刘縯，因战功卓著而受到南阳豪强和下江兵的支持。双方争夺的结果是，平林兵和新市兵胜出，刘縯让步，没多大能耐的刘玄当上了皇帝。地皇四年（公元23年）二月，刘玄的登基仪式在淯水河畔举行。站在高台上面对黑压压的人群接受朝拜，秉性怯弱的刘玄竟然一句话都说不出，汗流浃背，没有一点帝王的气魄。而这也正是纪律散漫、痞子气重的平林兵、新市兵看上刘玄的原因所在。刘玄虽怯弱，但在排除皇位的潜在对手上还是下手准而狠的。他随便找了个借口便将刘縯杀掉了。刘縯的弟弟刘秀担心刘玄将毒手伸向自己，便主动从河南跑到刘玄跟前请罪示弱，才得以逃脱一劫。

地皇四年九月,在长安人民的举义中,王莽的脑袋被人砍下传送到了刘玄那里,与之一同传送过来的还有汉朝的传国玉玺。刘玄这下便得意了,可以名正言顺地稳坐皇帝之位了。王莽政权覆灭后,刘玄作为新政权的皇帝决定从洛阳迁都长安。到长安后,刘玄住进了长乐宫。长安城里虽经叛乱一片狼藉,但王宫的一切设施、制度都完好地保存着,这给刘玄享受帝王生活带来了便利。刘玄进长安后不久,在皇宫中大宴群臣。一些将领姗姗来迟。刘玄闷头便问:"你们抢到了多少东西?"刘玄的问话,一下子把久在长乐宫中服侍的侍官惊住了,他们没想到皇帝有说这种话的,生平以来还是第一次遇到。更始军刚进入长安时,长安百姓都热情欢迎,对新政权寄予了厚望。而更始军进驻长安没多久便肆意奸淫抢掠,让长安百姓大失所望。

作为皇帝的刘玄根本不理政事,除了原来宠爱的韩夫人,又将赵萌的女儿纳做夫人,有了两个美人的陪伴,刘玄便整日沉浸于醇酒妇人。大臣要见刘玄一面,商谈一下国事都不可能。要么拒不相见,要么就是见到烂醉如泥的皇帝。为摆脱大臣的烦扰,刘玄甚至让侍中坐在帷帐中冒充自己与大臣交涉。刘玄不理朝政,便把所有国家政事都委任给了其岳父赵萌。赵萌气焰熏天,对与自己作对的人,一律找机会加以处置。朝廷被搞得乌烟瘴气,下层百姓的生活也苦不堪言。因更始政权起自下层起义,三教九流什么人都有;组建政权后,从上到下都目光短浅,纪律散漫,所以老百姓们便嘲笑他们,编出了文章开首的那支歌谣。

之后,赤眉军拥立刘盆子为帝,将刘玄赶下台。最终刘玄被赤眉军大将谢禄杀死。不到三年的更始政权宣告结束。

临淮吏人为朱晖歌

朱晖，字文季，其父朱岑是光武帝刘秀的故交，刘秀当皇帝后，下令寻找朱岑。等找到后，发现朱岑已经去世，便拜其子朱晖为郎官。朱晖从小就很有勇气，处事果敢。王莽政权覆灭，天下大乱，十三岁的朱晖随外祖父家逃难时，路上遭遇强盗。所有人都吓得一动不动，年幼的朱晖拿着宝剑走到强盗跟前说："东西你们可以拿走，但女人的衣服你们不能动，否则，我就跟你们拼命。"强盗们被朱晖的勇气给征服了，没有抢劫他们就离开了。

朱晖曾当过临淮太守，他在选用人才的时候，都选用的是有操守、有品行的人。在审理案件时，朱晖既严格执法，又讲情义。如果罪犯当时犯罪时是出于道义，迫不得已而为的，朱晖总是想着法子为其开脱，往往本应被判死刑的都能给犯人留条活路。而对那些故意行凶、恶意犯罪者，朱晖会命人即刻将其打死。所以，临淮的官吏和百姓对朱晖既敬畏又爱戴，还专门为朱晖编了一首民谣：

疆（强）直自遂，南阳朱季（晖字文季）；吏畏其威，人怀其惠。

——临淮吏人为朱晖歌

因为朱晖在做临淮太守时，执法严厉，过于刚正，得罪了上司，所以屡屡遭到弹劾，最终被罢去官职隐居起来。建初年间，南阳闹饥荒，饿死的百姓不计其数，一石米可以卖到一千钱。朱晖便把家产全部拿出来，分给宗族、邻居及附近的穷苦人家。因此而赢得了大家的感激。

元和年间，章帝巡狩各地到了南阳时，又想起了朱晖，并拜其为尚书仆射。当时谷物价格昂贵，朝廷经费又不足，为此成了一件令人忧心的大事。尚书张林建议说："谷物价格贵，是因为钱不值钱了。以后在征收赋税的时候，就不再收钱，改收布帛。盐是生活必需品，即使再贵，人们也得买，朝廷可以对食盐买卖实行垄断。还可以让往来于交阯、益州的税务人员，借工作之便，从当地低价收购土特产和珍宝，回来后再高价卖出，以此来牟取暴利。这也就是汉武帝时期实行的均输法。”章帝命令大臣们对此方案加以讨论，因朱晖的坚决反对而搁置了下来。之后又有官员重提张林的法子，认为可以给朝廷大大增加收入。章帝便趁机同意，下诏书予以实行。对这件事，所有官员闭口不提。只有朱晖一人给章帝上书，在上书中，朱晖说：“我们当官的拿着俸禄，就不应再跟老百姓们争夺利益。现在朝廷实行的均输法跟谋取暴利的商人有何不同？食盐被国家垄断，赚的钱全归政府，百姓就要受穷。以布帛作为租税，就会有官吏从中盗窃要诈。这不是一个圣明君主所应当做的决策。”章帝看到朱晖的奏章后非常生气。朱晖等人也自知自己触怒了皇帝，便把自己绑起来，主动去坐牢狱。过了几天后，章帝怒火消息了，便下诏把朱晖等人放了出来。朱晖不但不领情，反而罢工，请起病假来，明眼人都看得出朱晖是在给皇帝示威，纷纷劝解朱晖不要这样做。朱晖说：“我都是八十岁的衰朽之人了，蒙皇帝的恩惠，我得以当上尚书仆射，参与国家重大决策。对皇上的恩德，我唯有以死相报。对于均输法，我明知道不可实行，却要违背良心迎合皇帝的旨意，这样做的话，我才真是失职呢。”章帝气消后，又派人去慰问朱晖，还派了御医去为朱晖看病，赐食物。朱晖看到皇帝如此，也便叩首谢恩了，皇帝一高兴又赏赐了十万钱、百匹布和十件衣服。

朱晖在临淮为官时间不长，但临淮百姓倒是颇能慧眼识人。临淮百姓对朱晖的评价可以算得上是对朱晖的盖棺之论。朱晖也以自己的一生，证明自己是一个倔强、耿直又仁民爱物的好官。

汉顺帝时洛阳民谣

阳嘉元年(公元132年),顺帝立梁妠为皇后。阳嘉四年(公元135年),梁妠之父梁商在一番推托后,顺理成章地当上了王朝最有实权的职位:大将军。在梁商执政的七年里,选贤任能,奉公守法,严加管教梁家子弟,临终前还嘱咐家人丧事从简,就穿着一件平日穿过的旧衣服下葬了。梁商死后,其长子梁冀继承爵位,继续担任大将军,直到被桓帝赐死,在位时间长达19年,是东汉外戚掌权时间最长的一位。梁冀相貌丑陋,为人狠毒,不学无术,骄奢淫逸,乱杀无辜,在其执政的19年里所犯下的罪恶罄竹难书。

建康元年(公元144年),顺帝驾崩。年仅两岁的冲帝即位,梁妠为太后。而不到半年,冲帝就死了。冲帝去世后,李固建议立既有才华又德行端正,且年纪较长的清河王刘蒜为皇帝。而梁太后和梁冀为了易于操控政权,早就打算好了立年仅八岁的渤海王刘鸿之子刘缵为皇帝,并在冲帝病重的时候就将刘缵接到了洛阳附近,是为质帝。质帝虽年仅八岁,但聪明伶俐,对梁冀一手遮天、为非作歹、目中无他这个小皇帝的一切一切,看得一清二楚。但因年龄尚小,经历单纯,故而少了点心机。在一次群臣朝会上,小质帝对群臣们说了一句断送他性命的话,他看着梁冀对群臣说:"这是个跋扈的将军。"梁冀看到小皇帝年纪幼小便如此聪慧,长大了还了得吗?在朝堂上,梁冀未作反应,但随后,他便买通宫里伺候质帝的太监,将掺有毒药的汤饼拿给质帝吃。质帝吃后就嚷着肚子疼,痛苦难忍。早已候在宫里的梁冀,听说质帝肚子疼,便立马跑了进去。看见进来的是梁冀,质帝偏偏命人去叫李固。李固立马赶到皇宫,见前两天还活蹦乱跳的质帝,现在却躺在床上痛苦呻吟,便俯身问道:"陛下是怎么得病的?"质帝忍着疼痛说:"是吃了汤饼的缘故,现在肚子异常疼痛,喝点水或许还可以活命。"梁冀马上阻止说:"恐怕要呕吐,不能喝水。"梁冀话还未说完,质帝便断了气。此时,质帝9岁,在皇帝位子上只坐了一年。

质帝被梁冀毒杀，朝廷又要面临选立新的皇帝。李固这次仍然主张立清河王刘蒜为皇帝，这次他事先联络了大臣胡广、赵戒，联名给梁冀上书拥立刘蒜为皇帝。而这次，梁冀还想立一个小皇帝，便想到了自己妹妹的未婚夫，章帝的曾孙，时年15岁的刘志。因为事先收到了李固等人的上书，便不得不召集大臣们商议此事。大臣们大多同意立刘蒜为皇帝，未达目的的梁冀便愤愤地宣布散会。当天晚上，宦官曹腾来到梁府，历陈立刘蒜与立刘志为帝对梁冀政治前途的影响。自然年龄小又是梁冀妹妹未婚夫的刘志当皇帝对梁氏家族最有利，而如果是清明严正的刘蒜当了皇帝，没准以后梁冀的脑袋都要搬家。第二天梁冀再次召集群臣开会，一开始梁冀便是一副凶神恶煞的样子，提出要立刘志为皇帝。看到怒气冲天的梁冀，胡广、赵戒吓得随声附和说："一切听大将军的安排。"而满朝之上，只有李固与杜乔二人坚持立刘蒜为皇帝。由于李固与杜乔的不同意见，梁冀只好再次宣布散会。之后，梁冀劝说太后罢免了李固的官职，等再次召集会议时，朝堂上鸦雀无声，梁冀顺利地立刘志为新的皇帝，是为桓帝。

桓帝即位后的第二年，刘文、刘鲔到处散播说大家应该拥立清河王刘蒜为皇帝，并胁迫地方官吏谢嵩劝说刘蒜反叛朝廷，自立为皇帝。谢嵩不从，刘文、刘鲔二人将之杀死。刘蒜则闭门拒不接见刘文和刘鲔。此事上报到朝廷后，朝廷派人捕杀了刘文、刘鲔。梁冀趁此机会，诬陷李固参与了此事，将其抓捕入狱。经过李固门人和朝中正直大臣的极力营救，梁太后赦免了李固。但梁冀再次以谋反的罪名将李固逮捕杀掉，同时遇害的还有正直不畏强权的杜乔。梁冀将两人杀掉后，还下令将二人暴尸路边，禁止收葬。后经李固、杜乔门生故吏的争取，梁太后知道后，才同意将李固、杜乔的遗体收敛入土。梁冀杀了李固还不过瘾，又想将李固的两个儿子杀死。李固的小儿子李燮在李固门生王成的保护下潜逃，在异地他乡隐姓埋名十几年，直到梁冀倒台。而在立帝一事上，见风使舵、临时转向的胡广等人均被封侯，胡广被封为安乐乡侯，赵戒被封为厨亭侯。正直而敢于斗争的，最后弃市街头；不辨是非、颠倒黑白、助纣为虐的，却被封侯。现实中的真实却如同荒诞剧一般，于是，洛阳百姓中便流传了这样一首民谣：

直如弦，死道边；曲如钩，反封侯。

皇甫嵩歌

皇甫嵩，字义真，安定郡朝那（今宁夏固原）人，出身世代武官家庭。父亲皇甫节为雁门太守行，叔父是为汉朝平定羌乱立下赫赫战功的度辽将军皇甫规。在良好的家庭环境中成长起来的皇甫嵩，文通《诗经》《尚书》，武精骑马射箭，且富有谋略，其以德行、才学被推举为孝廉、茂才。太尉陈蕃、大将军窦武都曾慕名招纳过他，但皇甫嵩一概拒绝。最后汉灵帝派公车将其招入朝廷，任为议郎，后提拔为北地太守。

中平元年（公元184年），酝酿了十年的黄巾起义终于爆发。之前在张角以传道吸纳信众的方式发展势力时，曾有大臣向皇帝建议要小心防范张角所发展的太平道，但皇帝置若罔闻。直到184年，张角手下大将马元义到京师筹备起义，被手下的唐周出卖给了朝廷。这时朝廷方才醒悟过来，何以之前府衙大门上总是常常见到“甲子”两个白色的大字，也清楚了在老百姓中流传的那句“苍天已死，黄天当立，岁在甲子，天下大吉”的意思。于是，朝廷立即调集人马抓捕马元义并清查百姓中信奉太平道的人。马元义被车裂，一千多百姓遭杀戮。张角得知此事后，决定提前发动全国起义，以头戴黄巾为标志，故而人们称之为“黄巾军”。张角自称“天公将军”，张宝称“地公将军”，张梁称“人公将军”。他们率领着黄巾军四处焚烧官府，很多州郡被黄巾军攻陷，州郡长官落荒而逃，黄巾军一时间如滚滚乌云般向汉王朝扑来，这种形势一下子吓坏了汉灵帝。荒淫无道、一意孤行的汉灵帝此时变得如同明君般从谏如流。他听从大臣的建议，解除党禁，以缓和与士人的矛盾；拿出国库的钱和西园的马匹来资助国家军队，这对于爱财如命的灵帝来说，可真是割肉之举。于是，征选良将，调集各路人马剿灭黄巾军。在剿灭黄巾军的过程中，许多地方豪强如董卓、曹操、刘备、孙坚趁机而起。曹操起初兵马只有五千人，后来之所以能与袁绍相抗衡，很大程度上得益于对黄巾军的围剿和收编。

皇甫嵩被朝廷任命为左中郎将，带领精兵前去消灭黄巾军，与其他将领协同作战，前后消灭了三伙黄巾军。在今天河南长葛一带，皇甫嵩凭借少量兵力，以夜间纵火合围黄巾军的策略，使波才的军队溃乱，借着与曹操、朱儁合力打败波才，斩敌数万。随后，皇甫嵩、朱儁乘胜追击，在阳翟（今河南禹县）、西华（今河南西华）消灭波才余部。之后在广宗（今河北威县东），皇甫嵩与张梁大战，趁其军心懈怠之时，皇甫嵩一日之内将张梁打败，斩获张梁，斩敌三万，逃跑中五万人落河而死，其他妇女儿童被俘的不计其数。张角此时已病亡，皇甫嵩命人开馆戮尸，将张角的脑袋割下送至京师。在曲阳（今河北晋县西），斩杀张宝，斩敌及俘获黄巾军共十余万人。至此，黄巾军主力基本被消灭，余部散落在各地继续与东汉王朝抗衡。在此次消灭黄巾军的过程中，皇甫嵩一人消灭了大概有二十万人。为嘉奖皇甫嵩安定汉室的功劳，朝廷将其封为槐里侯，拜为冀州牧，赐槐里、美阳两县八千户为食邑。皇甫嵩到冀州后，看到百姓因病灾战乱而民不聊生的困境后，向朝廷请求免去冀州百姓一年的田租，朝廷同意了皇甫嵩的请求。贫苦而老实的百姓感念皇甫嵩的恩德，便传唱了这样一首歌谣：

天下大乱兮市为墟，母不保子兮妻失夫，赖得皇甫兮复安居。

汉代美丽机智的女子其一
——《陌上桑》

清晨,一缕柔和的阳光越过窗棂,洒落在床榻上那个女子的脸颊上。晨光中,那女子的脸庞是那样的精致柔美,散发着青春的芳香。她,就是远近闻名的大美女秦罗敷。罗敷揉揉惺忪的睡眼,慵懒地伸了伸腰,便起身梳洗装扮。因为一会儿还有重要的事情要做,那就是趁大清早给她的蚕宝宝们置办这一天里要吃的东西。这是这个季节罗敷每天都要做的事情。她喜欢做这些事情。不一会,罗敷就梳洗打扮好了,今天她穿的是一件杏黄色的格纹长裙和一件紫色的襦袄,耳朵上戴了一副大秦珠耳坠。罗敷今天的发型也很别致,叫倭堕髻,也有人叫堕马髻,发髻松松地挽在头上,看上去既随意又显得很有韵味。这是这个时代女子们的流行发式,最初是一手遮天的梁冀大将军的爱妻孙寿所发明的,除了倭堕髻外,孙寿还有几样领导时尚的装扮,那就是愁眉、啼妆、折腰步、龋齿笑。孙寿的地位和美貌,使她成了那个时代的时尚风向标。所以说,今天罗敷的这个发型很时髦,她是个爱美、爱生活的女子。

汉化画像砖《桑园》

打扮好后的罗敷拿上绕着青丝的采桑用的竹篮，桂树枝做的笼钩，离开家向城南的那篇桑林走去。一路上，美丽的罗敷赚足了眼球。看见罗敷，人们似乎都会矜持起来。看，那边的那个小伙见罗敷走来，下意识里整了整头上的头巾，好让自己看起来更精神些。手里忙着活的人们也会不约而同地放下手中的活，挑担子的放下扁担，在田间劳作的放下手中的犁头、锄头，直到罗敷走远了。罗敷对这一切早已习以为常，她一点也不介意人们的目光，而且很愿意在大家跟前展现出自己最美的一面。

这时一辆豪华的马车从南边迎面驶来，这是本郡太守的马车。从马车的车窗里，太守看到了罗敷，立刻便被罗敷的美丽所吸引。他停下马车，派衙役去打听对面走来的这个美女的姓名、年龄等。一会儿，衙役回来了，跟太守报告说，“这是秦家的女儿，名叫罗敷。大概不到二十岁，十五岁以上”。太守一听，很高兴，便到跟前问罗敷：“与其靠两脚走路，不如坐上我的马车，共享荣华富贵。”罗敷上前一步答话道：“太守您怎么说话如此可笑。您已有夫人，罗敷我也已有了丈夫。”“在浩浩荡荡的大队人马里，那个骑白马，后面跟了匹小黑马驹的人，便是我的夫婿。我的丈夫也是异常显贵的人。他骑的都是套着黄金马笼头、马尾上系着青丝的马儿。就他腰中的那把鹿卢剑就值千万钱。他在仕途上一直如履平地，十五岁的时候做的是小府吏，二十便成了朝中的大臣，三十被加为侍中郎，四十岁已是一城之主。我的夫君不仅政治前途无量，而且还是个美男子。他长得清秀白皙，有一幅漂亮的胡子，走起路来，轻盈文雅。凡是见过我夫君的人，都夸赞他不同寻常。”太守大概觉得自惭形秽了，灰溜溜地驾着马车跑掉了。

这首诗被收在《乐府诗集》的《相和歌辞》中，又名《艳歌罗敷行》《日出东南隅行》。汉代刘向的《列女传》中有一个秋胡戏妻的故事，与此情节颇为相似。婚后不久便离家宦游的秋胡，三年后才回到家乡，在路边看到一女子，秋胡便如太守那般前去调戏。而回到家后，才发现自己调戏了半天的路边女子，竟然是自己的老婆。其妻子不堪与如此龌龊的丈夫共同生活，便自杀了。陌上桑里的故事其实还有个原本，在《乐府诗集》卷二十八引崔豹《古今注》里的罗敷故事是这样的：秦罗敷，邯郸人，嫁给赵王家令王仁为妻。罗敷外出采桑的时候，被在高台上饮酒作乐的赵王相中。他便摆上酒席宴请罗敷，席间趁机查探罗敷的意思。罗敷借为酒宴助兴弹筝，并随即唱了一首《陌上桑》以表明自己的心志。赵王也就作罢了。

汉画像砖

在汉代，秦罗敷一名通常是美女的代称，如《孔雀东南飞》中“东家有贤女，自名秦罗敷”。秦氏楼因此成了美女的居处，后世甚至演变成指代歌舞场所或妓院的词，如秦楼楚馆等。《陌上桑》一诗对后世文人影响颇深。魏高允有《罗敷行》一诗，其诗云：“邑中有好女，姓秦字罗敷。巧笑美回盼，鬓发复凝肤。脚著花文履，耳穿明月珠。头作堕马髻，倒枕象牙梳。冉冉善趋步，襜襜曳长裾。王侯为之顾，驷马自踟蹰。”曹植、白居易、杜甫等人对此诗大为赞赏。曹植《美女篇》里的“行徒用息驾，休者以忘餐”一句，便是借鉴《陌上桑》的写法。

附：

日出东南隅，照我秦氏楼。秦氏有好女，自名为罗敷。罗敷善蚕桑，采桑城南隅。青丝为笼系，桂枝为笼钩。头上倭堕髻，耳中明月珠。缃绮为下裙，紫绮为上襦。行者见罗敷，下担捋髭须。少年见罗敷，脱帽著帩头。耕者忘其犁，锄者忘其锄。来归相怒怨，但坐观罗敷。

使君从南来，五马立踟蹰。使君遣吏往，问是谁家姝？"秦氏有好女，自名为罗敷。""罗敷年几何？""二十尚不足，十五颇有余。"使君谢罗敷："宁可共载不？"罗敷前致辞："使君一何愚！使君自有妇，罗敷自有夫。"

"东方千余骑，夫婿居上头。何用识夫婿？白马从骊驹；青丝系马尾，黄金络马头；腰中鹿卢剑，可值千万余。十五府小吏，二十朝大夫，三十侍中郎，四十专城居。为人洁白皙，鬑鬑颇有须。盈盈公府步，冉冉府中趋。坐中数千人，皆言夫婿殊。"

——《陌上桑》

汉代美丽机智的女子其二

——《羽林郎》

在车水马龙的长安街市上，有一家富丽精美的酒馆。每天早上一开张，酒馆小二就脚不沾地地迎来送往，招呼客人。酒馆生意红火自然是因为地理位置上占得先机，更重要的是酒馆中还有一位绝世美女老板娘——胡姬。到今年为止，胡姬已年满十五岁了。在汉朝，这个年龄的女孩子不是已经嫁人了，就是正在忙着张罗婚姻大事。美丽绝伦在胡姬自然名花有主，早就觅得了佳婿。胡姬当垆卖酒，丈夫负责采办，小两口的日子过得有声有色、有滋有味。很多酒客都是仰慕胡姬之名前来一睹风采，以致成为酒馆的熟客。聪慧机灵的胡姬对待客人既热情周到，又善于周旋。几年下来，年仅15岁的胡姬已成了干练、机智、巧于应对、见过世面的女子了。

这一日，春光明媚，时和气清，胡姬的心情也格外的好，便特意把自己好好收拾了一番。穿上她最喜爱的合欢襦裙，长长的裙子越发显出胡姬修长曼妙的身材，宽大的袖子衬着胡姬的羊脂玉般的手腕是如此的纤细可人。胡姬拿出一对蓝田玉的簪子和一双大秦珠耳吊。看着它们，胡姬不禁露出甜蜜幸福的笑容。这是丈夫去西域采办货物时特意捎回来送给她的。俗话说“千里送鹅毛，礼轻情意重”，更何况这价值连城的珠宝，胡姬自然倍加珍惜。胡姬将簪子插在发鬟上，一边一个，又将耳吊戴在耳朵上，拿起镜子左右照了一番，她对自己今天的这番装扮很满意。放下镜子，胡姬便来到酒馆中招呼客人。酒馆中的客人看到老板娘今天这么漂亮，都纷纷夸赞了一番，甚至连酒要得都比平日里多了些。心情不错的胡姬在忙里偷闲的空档里，突然看到远远地来了辆马车，在春日阳光的照耀下，银质的马鞍熠熠生辉，格外夺目。车盖上装饰着的翠鸟羽毛在春风中摇曳，似乎在有意向世人炫耀主人身份的非同寻常。马车渐行渐近，最后在胡姬的酒馆前停了下来。从马车里走出一位年轻帅气的男子，从马车旁盈盈走进了酒馆。等男子走到跟前时，胡姬认出了这个人。这人不就是无人不

晓的霍将军家的大管家兼男宠冯子都嘛。此人出身贫贱,凭借姿容过人和巧于逢迎,深得大将军的宠信。前一段时间,御史大夫得罪了他,惧于霍大将军的威势,都亲自向他磕头谢罪。胡姬对他虽有些鄙视,但毕竟是贵客,便笑着迎了上去,亲自招待。待冯子都坐定后,胡姬热心地介绍店里的酒菜。冯子都点了酒馆里最贵的酒菜,并特意点了他自己最爱的鲤鱼肉丝。胡姬不敢怠慢,用店里最精致的食器端上冯子都的菜肴,冯子都拿出自己的玉壶自斟自酌起来。酒过三巡后,冯子都似醉非醉地向胡姬表示爱慕,并送给胡姬一面青铜镜和一匹红罗作为初次见面的礼物。胡姬当下便明白冯子都的用意,她不想不同意但又不好断然拒绝,毕竟这是个有权有势,不好惹的主儿。胡姬灵机一动,对冯子都说:"客官出手如此大方,仅这一匹红罗就值不少钱呢,只是我胡姬本是卑贱之人,如何承受得了客官您的礼物呢。虽然对于男人来说,喜新厌旧是常事,可对女子来说,对她最重要的人是她的第一个丈夫。而且感情这种事情讲究个先来后到,而且我与您在身份上相差太过悬殊,实在高攀不起。所以,很感谢客官的厚爱,但小女子恕不能相从。"冯子都见胡姬把自己抬得那么高,心里很高兴,又觉得胡姬说得也在理,便哈哈一笑而过。

汉画像砖《酒肆》

汉画像砖《市井》

汉画像砖《市井》

汉画像砖《市井》

《羽林郎》一诗在郭茂倩的《乐府诗集》中归入《杂曲歌辞》，据说作者是东汉人辛延年，生卒年不详，此人大概是个歌人。后人多认为这首诗写得的是西汉霍光家奴冯子都，但它实际上借谈西汉来批判东汉外戚窦宪的弟弟窦景。窦景倚仗哥哥的权势欺压百姓。据说窦景所到之处，纵容部下抢夺百姓财产，很多商户听说窦景来了都闭门不做生意。窦景狐假虎威的行径跟西汉时的冯子都多有相似之处，故而老百姓拿西汉的人来讽刺他。

附：

昔有霍家奴，姓冯名子都。依倚将军势，调笑酒家胡。胡姬年十五，春日独当垆。长裾连理带，广袖合欢襦。头上蓝田玉，耳后大秦珠。两鬟何窈窕，一世良所无。一鬟五百万，两鬟千万余。不意金吾子，娉婷过我庐。银鞍何煜爚，翠盖空踟蹰。就我求清酒，丝绳提玉壶。就我求珍肴，金盘脍鲤鱼。贻我青铜镜，结我红罗裾。不惜红罗裂，何论轻贱躯！男儿爱后妇，女子重前夫。人生有新故，贵贱不相逾。多谢金吾子，私爱徒区区。

——《羽林郎》

乱世百姓苦难深

——《东门行》

一圈破败的篱笆横七扭八地竖在地上，勉强围住了有三两间低矮茅屋的小院，院子里凌乱不堪。前两日官兵来抓壮丁时，家里的男人翻墙逃跑，他们便把小院底朝天地翻了个遍，家里仅有的三个陶罐也被当兵的砸碎在院子里。临走他们顺手抱走了家里唯一的老母鸡，唯独剩下几根母鸡挣扎时脱落的羽毛。这几根残缺不全的毛羽夹杂着茅草，不时地随风在地上打着旋儿，似在诉说着这家悲凉的遭遇。茅屋显然已是年久失修了，屋顶的茅草已被大风吹得只剩薄薄一层，墙上的土坯更是剥落得严重，看上去像一个长满疥疮的人。窗户和门已是徒有虚名，那只剩残破窗棂的黑洞就姑且叫作窗户吧，门也只剩了半片，就这半片看上去似乎也摇摇欲坠。昏暗的茅屋里，一个蓬首破衣的妇人抱着一个拖着长长鼻涕、满脸肮脏的两三岁小孩在啜泣。她为官兵的强横无礼而愤恨，为翻墙逃跑的丈夫而担心，为嗷嗷待哺却又无力喂养的孩子而伤心。

正在女人啜泣的时候，家里的男人回来了，手里还拎着把满是锈迹的铁剑。女人被丈夫手里的剑给惊住了，男人二话没说，从屋子的角落里翻出一块破旧的布，铺展在床上便开始收拾东西，其实这个家里已经没有什么可供收拾的了。米瓮里早已经一粒米都没有了，除了身上这身补丁打补丁还补不住窟窿的旧衣裳，哪还有衣服可穿。待女人回过神来，忙问丈夫："如此做是何打算？"男人回答："城南许生起兵，我要跟着他去干。等我们成功了，你去跟我一起享受荣华富贵。"女人一听丈夫要反叛，慌了神，连忙劝解丈夫，说："我不羡慕人家是如何的富贵，即便吃糠咽菜，我只希望能跟你白首到老。为了苍天，也为了咱们幼小的孩子，你就别去冒险了。"丈夫看到妻子说出这样的话，心里也是酸酸的，但环顾整个破败的家，男人决然地站了起来，说："这样的日子根本没法让人活，现在出去闯荡说不定还会有条出路，等过两年头发就全白了，到时就彻底没希望了。"说完，男人头也不回地大步踏出家门，只留下妇人抱着孩子在西风中痛哭。

这一幕在东汉末年不时地上演着。东汉王朝垮掉的前夜，一切都变得腐朽透顶。卖官鬻爵已不是什么稀罕事，灵帝更是演出了"西园卖官"的荒唐之举，对每个官职明码标价。一时没钱买官的，可以先赊欠着，等日后再加倍偿还。那些花钱买来官做的人，当上官后为了捞回本，更加拼命地搜刮民脂民膏。地主、富商、贵族也巧取豪夺，敲诈勒索。老百姓纷纷破产，流离街头。与此同时，边地少数民族叛乱不断。仅汉末，羌乱就持续了数十年。为镇压叛乱，朝廷不断给老百姓头上加重徭役、兵役负担。内外交困，加之天灾不断，仅安帝朝的19年里，水灾十一次、旱灾七次、蝗灾七次，普天下的王土几乎没有不遭受天灾的。在天灾人祸的淫虐下，汉朝的百姓民不聊生，在迫不得已的情况下，只好铤而走险，发动武装起义。在黄巾起义前，就已爆发了六十七次武装起义。最先起义的是会稽人许生。几天的时间里，许生便召集了一万多人的队伍。汉灵帝派扬州刺史和丹阳太守对之进行围剿，最终将之镇压下去。许生的起义虽然失败了，但此后的农民起义此起彼伏，且规模越来越大，直到黄巾军的出现。《东门行》一诗用质朴的语言叙述了发生在一个普通家庭里的故事，生动再现了老实、善良的百姓是怎样被逼上梁山的。在枯燥冰冷的历史记载和数据统计之外，给后人留下关于当时人们被迫反抗的鲜活记忆。

附：

出东门，不顾归；来入门，怅欲悲；盎中无斗米储，还视架上无悬衣。拔剑东门去，舍中儿母牵衣啼："他家但愿富贵，贱妾与君共哺糜。上用仓浪天故，下当用此黄口儿，今非！""咄！行！吾去为迟！白发时下难久居。"

——《东门行》

蒲苇韧如丝　磐石无转移

——《孔雀东南飞》的凄美爱情

怀宁一个山清水秀的小城，在这片古老的土地上出现了太多令人感叹的人和事。在这儿你可以钦叹武状元王来聘的忠勇，书法家邓石如的笔底龙蛇，核科学家邓稼先的卓著成就，诗人海子纯洁无染的心灵……或许我们也可以在孔雀台、焦刘墓前回首两千余年前那份凄美感人的爱情故事。

美丽、善良、勤劳、聪慧……一个可以称得上任何美丽字眼的姑娘刘兰芝，在她17岁那年嫁到了焦家。丈夫焦仲卿供职于府衙，职务不高，但要长期驻于官府中。夫妇二人虽然相见时日不多，但感情却也笃厚甜蜜，日子就这样平淡而安稳地过去了，不知不觉已有两三年的光阴。而在一次焦仲卿休沐回家的时候，妻子刘兰芝却突然提出离婚的请求，一时让焦仲卿丈二和尚摸不着头脑。在妻子的幽婉述说中，焦仲卿方才知道是自己的母亲对待妻子太苛刻，以致妻子无法承受其苦才有了离婚的想法。凭着对妻子的了解与信任，焦仲卿打算到母亲那儿为妻子争取权利，以挽留并保护好这份幸福。而焦仲卿此举反而令其母亲更加愤怒，断然否决了二人的婚姻。母命难违，但并不意味着母亲可以左右焦仲卿的感情选择。焦仲卿与刘兰芝被迫分手，刘兰芝被送回娘家。二人相约彼此痴守，待焦仲卿公务了结后重归于好。“卿但暂还家，吾今且报府。不久当还归，还必相迎取。以此下心意，慎勿违吾语。”“君当作磐石，妾当作蒲苇。蒲苇韧如丝，磐石无转移。”在反复的叮嘱、承诺里，那份不舍的深情与依恋真挚深切到令人心碎，如同诗歌开篇所说的“孔雀东南飞，五里一徘徊”。在刘兰芝回到娘家后不久，便有县令派人来为其三公子提亲。刘母虽然了解、尊重女儿对焦仲卿的一番深情，无奈刘兰芝的兄长贪于县令家的权势，逼迫刘兰芝答应婚事。无奈之下，刘兰芝同意了婚事。在准备婚礼的过程中，刘兰芝始终郁郁寡欢，丝毫没有结婚的快乐与幸福。直到焦仲卿带着误会闻讯赶来，刘兰芝倾诉了自己的无奈与痴情后，二人相约殉情以反抗强加在自己身上的家长意愿。

刘兰芝“举身赴清池”，焦仲卿“自挂东南枝”，二人死后终于可以“合葬华山傍”，没有人可以再将二人拆散，永远天长地久地在一起。

一份凄美的爱情，两个纯美而令人同情的主人公。对刘兰芝，人们多看到她美丽坚贞的一面；对焦仲卿，人们在赞美他痴情的同时，却往往会责备他的软弱。但当我们还原了那个时代的历史文化环境的时候，我们也许会在赞美焦仲卿痴情的同时，收起对他的指责，而看到他更为可贵的一面。汉代是以孝治天下的朝代，当时朝廷选拔官吏还未采用后世的科举制，主要通过察举制，通俗点说就是要当公务员不是通过考试、面试之类的程序，而是通过地方官吏或社会名流的推荐来担任官职的。这种制度中很重要的一个科目是“孝廉方正”，换而言之，如果一个人孝顺父母、廉正方直，并且此种品行被社会认可了，那么这个人就可以去做官了。“孝廉”一科在汉武帝时就得到了设立。在国家的政策引导、文化宣传等的共同作用下，汉代人非常重视孝道。汉代“姜诗出妻”便典型体现了汉人的孝文化。姜诗的母亲爱喝江水，所以其妻子温良贤惠的旁氏便经常去离家六七里的江边汲水给婆婆饮用。只因一次天刮大风，道路难行，其妻回来晚了，让姜诗的母亲受渴了，姜诗便把其妻逐出了家门。这一事件在当时颇具代表性。家长的尊严、感受、意愿、利益在家庭中是不可动摇的。所以，我们再去看焦仲卿时，便可知焦仲卿并非我们所认为的懦弱。他会在妻子权益受损的时候，挺身而出据理力争；面对母亲无理、绝情的安排，他会尊重并坚持自己的感情选择；最终不顾及“身体发肤，受之父母，不敢毁伤，孝之始也”（《孝经·开宗明义》）的训诫，为感情付出了自己的生命。所以，焦仲卿是个有主见的、堂堂正正的男儿，也不愧是千古“情种”。

焦仲卿为妻子殉情的举动，也可以看到焦仲卿颇为超越的一面。汉代是个男尊女卑的时代，刘向、董仲舒、《白虎通》、班昭等为宣扬这种观点不遗余力地做出努力。汉人用三纲六纪（《白虎通义·三纲六纪》：“三纲者，何谓也？君臣、父子、夫妇也”；六纪为诸文、诸舅、兄弟、族人、师长、朋友），三从（《仪礼·丧服》：“未嫁从父，既嫁从夫，夫死从子”），四德（妇德、妇容、妇功、妇言）等来约束女性，规范夫妻关系，限定女性以一种卑微的依附者状态存在，女性没有与男性平等对话的权利与空间。对待女性，男人应当像汉武帝“弃妻子如敝屣”那样方显男儿本色，如果以平等关爱的方式去对待妻子，反而会受到指摘。汉宣帝时京兆尹张敞曾为妻子亲手画眉，竟遭同僚参奏，虽经张敞苦心辩解，皇帝没有加以责备，“然终不得大位”，始终没有给他委以重任。在这种漠视女性的时代，焦仲卿能够坚守自己的感情，并为之殉情，足以见出焦仲卿超越时代的尊重女性的情怀。

汉代女性地位虽低，但相比后世“饿死事小，失节事大”（《二程全书·遗书二十三》），“从一而终”来说，汉代女性的实际婚姻状态可以算得上是自由的。男人可以依据“七出”（不顺父母、无子、淫、妒、有恶疾、多言、盗窃）与妻子离婚，女人可以根据“三不去”（无所归、与更三年丧、前贫贱后富贵）捍卫自己的婚姻，甚至女性可以主动提出离婚。女人离婚或夫亡后仍可再嫁或言再醮，社会对这样的女性不会有任何的歧视。汉武帝的母亲王皇后就是先嫁金王孙后改嫁给景帝刘启的。所以刘兰芝并不会因前一段婚姻的失败就终生无所依靠，县令提亲也就绝非文学虚饰了。而面对一个高富帅的县令三公子，刘兰芝并未动摇对小府吏焦仲卿的感情，并为这份感情付出生命。一个重情重义、坚贞美丽的刘兰芝便从此闪耀在了中国文学的长河中。

君不见，青海头，古来白骨无人收

——《战城南》新解

苍茫原野上，一列威武雄壮的车队行进着。在他们的眼前渐渐显出一片孤城来。只见天低云暗，四野寂寂。孤城上空盘旋着无数的秃鹫乌鸦，发出凄厉的叫声。走在前列的一个骑兵看到这样的情景，不由心中猛地一抽，立即感到大事不妙。

这座边城并无百姓居住，只是一个军事要塞。指挥官命令这个骑兵前去哨探。骑兵领命，进入大开的城门，由外城进入内城，看不到任何人迹，只见到许多的尸首。在内城墙上，还有许多刀戟划出的深痕，似乎在昭示着此地刚刚发生惨烈的激战。骑兵踏着血路一路由城南往城北走，最后在外城的角落里发现了极多我军的尸首。在这众多尸首中，他忽然发现了一个熟悉的面庞。“阿牛！阿牛！”他大叫起来，滚鞍下马，将那个年轻的尸首抱在怀中，拼命地摇晃他。然而，尸首是不可能应答他的。他唯一能听到的就是空旷的城池回声的轰鸣。他逐渐恢复理智，静了下来，城墙的轰鸣也停止了。城内一片寂静，静到仿佛可以听到城外小溪潺潺的流水声，以及风吹过溪边苍茫的蒲苇时所发出的飒飒之声。

阿牛是他的同乡，也是他最好的朋友。平时性格热情开朗，最喜欢讲笑话、扮鬼脸，经常逗得众兄弟哈哈大笑。还记得那一年，冬天来得特别早。在塞外，这样的冬天尤其难熬。阿牛的母亲最疼他，特别叫阿牛姐姐从千里路上为他送来新缝的冬衣。而他自己，父亲早就从军死在战场上，母亲也因思念过度病故，没有人缝衣服，只能穿着补了又补的旧衣，根本无法抵挡寒风。那天，当他套着冰寒刺骨的铁甲在外站岗之时，冻得身子都直不起来了。阿牛走过来，把冬衣送给他。不管他怎样推辞，阿牛都不管，还说：“你先穿一阵子。我体格比你壮，不怕冷。”他还能记起当时他的神态：低下头摩挲了半天冬衣，抬头却憨憨地一笑，把衣服往他怀里一送。当时那笑容是那样温暖，如今阿牛的神情却是这样寒冷如冰，就仿佛从来不认识他一样。他不由抚尸痛哭起来。哭了一会，才想起军令在身，不敢耽搁，只得将尸首轻轻放在地上，上了马。环顾四周，尽是熟悉伙伴的面孔。每个面孔都有一段故事。他不忍再看，匆匆上马，掩面而去。

来到车队旁，他向指挥官描述了见闻。指挥官的脸上微微露出笑容："这么说，城总算是攻下了？"

"是。"

"好，赶紧向下一座城进发吧！"

"可是，可是将军，这些弟兄还暴尸荒野呢。"

指挥官把眼一瞪："我指挥还是你指挥？误了军机，谁担当？"

士兵思忖了半晌，终于鼓起勇气说道："将军，做人不能忘本。如果老百姓不种庄稼，您吃什么？如果不是这些弟兄出生入死，哪来的军功让您青云直上，坐到今天的位置？"

指挥官勃然大怒："反了！来人，把他给我抓起来。等回去再慢慢问罪。"

这段对话就发生在汉代的某一天，古诗《战城南》中生动记载了这一幕。汉代自武帝以来，对匈奴的政策由怀柔改为强攻。军事上节节胜利，开疆拓土，稳定了西北边陲，有其积极意义。然而与此同时，常年的征战导致经济衰退、国力困顿，民生凋敝，大量的青壮年在对匈作战中死亡。可见道家所说"兵者凶器，不得已而用之"的是真知灼见。武帝以后，汉朝廷在对北方游牧民族的作战中依然处于强势，史称"强汉"。在这一过程中，有些边城经常成为两军反复争夺的焦点。《战城南》中所描绘的历史图景就大致发生在这一时期。诗的原文如下：

> 战城南，死郭北，野死不葬乌可食。为我谓乌："且为客豪！野死谅不葬，腐肉安能去子逃？"水深激激，蒲苇冥冥；枭骑战斗死，驽马裴回鸣。梁筑室，何以南？梁何北？禾黍不获君何食？愿为忠臣安可得？思子良臣，良臣诚可思：朝行出攻，莫不夜归！

第一句意思是在内城的南边接战，死在外城的北边。短短六个字，刻画出战争来临的迅速和惨烈。这句话也可理解为民歌为了对仗、上口进行的虚写而非实述。"乌"即乌鸦，"豪"通"嚎"。意思是乌鸦且不要急着吃肉，先为这些死去的将士嚎哭一场吧，腐肉总不会逃走吧！第三句写景。较难理解的是第四句，对它的意思历来众说纷纭。较有代表性的有两种观点,一说认为“梁”是“桥”的意思,“何”通“河”,把“梁筑室”理解为在桥上架设营房。另一说则认为“梁”是虚词,无实义。第一种观点笔者不敢苟同。且不说一个文意浅显的民间歌谣舍“桥”字而用一个易产生歧义的“梁”字,本身就不合常理;更何况“何”通“河”的例子在古文中极为罕见,退一步说,即使可以通假,在汉代的语言中,“河”就专指黄河,其余的小河只能用“水”字表述。以汉代的生产技术,想要在波涛汹涌的黄河上架起一座桥来,简直就是天方夜谭,更别说在桥上搭营房了。第二种观点似乎更有些缺乏根据,因为古文中“梁”作虚词的例子实在是极罕见。笔者以为,这首民谣虽然含义深刻,但文句应当是十分“白话”的。“梁”指的就是房梁。至于房梁不居于房顶正中而在北面,是有可能的。后世的木建筑多为双面架椽,房梁当然在正中;然而如果只有一面架椽,那房梁自然到了最北方。因为没有实物佐证,今天我们已不可能了解汉代的建筑工艺。然而,单面架椽的屋子从建筑工艺上来讲比双面架椽的似乎更简单。这样的房子在汉代是完全有可能出现的。基于以上推论,笔者对该句冒昧作一新解:“搭上梁建起屋子,屋子是南向的,感受着和煦的春风;而作为真正支撑屋子的大梁却居于房子的最北边,饱餐北风,受尽凛冽之苦。这些出征的将士也是一样,为了后方的安定,父兄的平安,甘于在这北方苦寒之地奉献青春热血。”

第五句中的“君”似乎也不该理解为皇帝。“君”在抽象意思里指主人,与“臣”相对;而在具体意思里一般指地方性政权的最高统治者,如诸侯王,甚至地方大员,不用来指皇帝。古代等级思想深入人心,富有四海的九五之尊更多的是用上天的儿子来称呼。故笔者认为此处的“君”似理解为“府君”或“使君”,即太守一类地方性的最高军事长官,更为妥当一些。这句的意思可理解为:“做人不能忘本,老百姓不种庄稼,您吃什么?没有我们这些人拼命,将军恐怕连性命也难保,怎么能让皇上赏识您的忠心,从而升官发财呢?”这样,就活脱脱刻画出一个一方面对下残酷、不恤兵士,一方面又迎合上意、穷兵黩武的官员嘴脸。最后一句是规劝这位官员,“您好歹也是我们国家有用的人才,请好好思量一下,我们这些人早上出去打仗,晚上很多回也回不来”。其中,“莫”通“暮”。

《战城南》作为汉诗中的不朽名篇,千百年来一直具有感人的力量。其中所描写的战争残酷与传达出的反战思想直到今天仍有借鉴意义。